婦人の新聞投稿欄「紅皿」集

戦争とおはぎとグリンピース

はじめに

…みのオペラ「夕鶴」も来演

ガニーニが所有していた）による四人の四重奏は一九四六年創立いらい、世界的にもっとも高く評価されている。その演奏の足跡もほとんど全世界に及んでいる。福岡では初登場の『ベートーベンの夕べ』として作品十八の二、九十、一三二を演奏する。

福岡市音楽愛好者の例会として『ハープを中心としたアンサンブル』（二十七日午後六時半・福岡市電気ホール）の演奏会。対洞太郎を第一バイオリンとするアムジカ弦楽四重奏団にハープのザフ・モルナール、クラリネット非氏嗣篤、フルート野口竜を加えての珍しい演奏会。ハープのモルナールは一九五四年に来日、N響などに出演するとともに、東京芸大などで日本の若い人たちの指導にあたっている。プログラムはハープ七重奏曲・序奏とアレグロ（ラベル）コンチェルト・エチュード・別れの曲（シュエッカー）ほか。福岡のほか二十八日大牟田市民会館、二十九日武雄市公会堂でも演奏する。

労音ではおなじみのオペラ『夕鶴』（一幕二場）＝木下順二原作団伊玖磨作曲＝をだしものに大谷南九州方面から皮切りの九州公演だが、二十一、二十二、二十三日福岡市電気ホール（いずれも午後六時半から、二十三日のみ午後一時半からも公演）二十四、二十五日八幡市民会館、二十六日小倉中央公民館（いずれも午後六時半）が下旬の日程。こんどの顔ぶれは〝つう〟に三宅春恵、大谷冽子、伊藤京子（交代出演）〝与ひょう〟には宮本正〝惣ど〟には佐々木行綱〝運ず〟には藤井典明、石限昭朗（交代出演）オーケストラは東京フィル。指揮は森正。

労音のポピュラー部門ではハワイアンのコニー・アイランダースがくる。歌手のエセル・中田も同会館、三十日午後六時半八幡市民会館がその日程。

ピアノの園田高弘もやってくる。昨年九州公演で魅了したかれはこのほど再帰国、こんどは八幡製鉄親和会が招いて、二十一日午後六時半から八幡市民会館で演奏会を開く。曲目はハイドン、シューマン、ドビュッシーなど。

いという設定、あくまでおをクラに平和的解決をはかろうとした。だが町はボス一味に荒らされるばかり。そこでトムは機知を働かせて保安官殺害犯人を一歩一歩追及していく。むろん、それはバーを営む悪党だ。動かぬ証拠に悪党は逆襲してくるが、がまんにがまんを重ねたトムもついにカンニンぶ

語ったが、その兵力はどのくらいで、いつごろどのようにして日本に遠征（えんせい）するかという点については、姫のみたハッキリした数字は語さなかった。それはホンロン姫にとって、対馬の守護職（しゅしょく）宗の助国や、大宰府（だざいふ）の目付役（めつけやく）青成右近が、心をうちわって話しあえるかどうか、まだよくわからなかったからである。ホンロン姫のしずかなひとみは、じっと人びとの言葉や行ないをみて、そのなかから、平和思想の持ち主を、さがしているようにみえた。

いちばん顔色をかえていた。

『助国どの、これはゆゆしい大事ですな』

『いかにも。政治的な交渉（こうしょう）をやりそこなえば、大きな国難（こくなん）になりましょう』

『ホンロン姫を、海賊の間者（かんじゃ）ではないかと疑（うたが）っていたが、それどころではない。蒙古大帝国のれっきとした間者だ。からめとって大宰府へ、そして鎌倉幕府（かまくらばくふ）へ護送（ごそう）しましょう』

青成右近は、ホンロン姫をにらみすえて、そういった。

紅皿

おはぎ

北村貞子

アズキのいただき物があったので、おはぎを作ることにした。火ばちの上でグツグツと煮えるアズキをまぜながらわたしは遠い日の思い出にふけっていると、まぶたが熱くなってまいります。

第二次大戦もたけなわのころでした、次男に教育召集の令状がきたのは。人一倍陽気な次男は驚きと悲しみで動んするわたしに『なあに、教育召集だから心配することないよ』とかえって慰めるようにいうのでした。いよいよあすが出発という日、物資不足で砂糖などはめったに手に入らない貴重品というところでしたけれど、おはぎの好きな次男のためにあちこちと走り回って、やっとアズキと砂糖を手に入れておはぎを作ったので

だけしかいえず、あとは不吉な予感が胸を襲い、泣きだしそうになるのをじっとがまんしていました。

戦争の激化とともに教育召集の期間も終わらぬうちに次男はわたしたちと最後の面会もできず、南方にやられてしまったのです。それから数年して終戦となり、南方からの帰国船が着くたびにわたしはイソイソとおはぎを胸にかかえてかけつけるのでしたが、むなしくまたおはぎをかかえて帰るのが常でした。わらをもつかむ気持ちで次男の消息を知っているという方を広島までたずねて行きますと、次男は特攻隊員に志願して戦死したとか。さらにその方が『急に日本をたつことになった日、K君の好きなおはぎが出たんですが、さすがにあのときはのどを通らないようでした』といわれたときは、張りつめていた気も抜けてしまって激しく泣き伏したのでした……。

でき上がったおはぎを仏壇の桃の花陰にそっと置いて、線香をたいているわたしに、

（12日）

時	NHK第1	NHK第2	RKB毎日 1270 1050	KBC 1410 800
6	ュース 05 劇 アンデス』 呼ぶ声』N 1番地』	00 英語ニュース 05 株式 25 漁村の皆さんへ 浅海増殖のための浜づくり 45 そろばん 55 工業数盤	00 劇『少年猿飛佐助』 15 映画の小部屋 30 ミッキーの風車 40 RKB夕刊 55 天	00 ポケットミュージック 05 〝歌の花園〟 15 ポピュラー音楽 30 ラジオ夕刊
7	ニュースハイ ポーツだより 渡辺紳一郎ほ ト平岩弓枝	05 『やさしい生産管理』 15 商業『商店経営入門』 30 若い世代へ❶生活の記録❷今日の常識	00 素人ものまねコンクール ゲスト・春日八郎 30 浪曲名人会『みえたか孫兵衛』天竜三郎	00 映画『けものの眠り』紹介 長門裕之ほか 30 春の大歌謡パレード 林、三船、若原、三橋堀川、北見、松島、大津、文、小林、下谷ほか
8	三人組『お命 ずかしい』 めぐり『日光 伊那節』ほか	00 教養特集『現代社会と精神の病』宮城音弥、加藤正明、山口与市、司会・鵜田克躬	00 ゴールデンミュージック『情熱の花、ある恋の物語、ゴンドリエ』ほか 30 ヒット曲パレード『僕の好きな娘』守屋『恋の片道切符』山下ほか	30 オウムの歌くらべ 審査員・古賀政男
9	ース解説坂田 三太郎 相模 ・ザピーナッ 介千両みやげ	00 舞台中継『京舞』北条秀司・作、演出 花柳章太郎、水谷八重子、英太郎、伊志井寛ほか	30 ゴールデンジョッキー ポルトガルの四月ほか	00 ラジオ芸術劇場『鮎っ子』増田晃夫ほか 30 連続浪曲『お富と与三郎』国友明 50 N天
10	時の動き 劇『次郎物語』 ・作 福岡放 九管のみ）	00 気象通報 15 高校講座 35 高等学校講座『中級』英語 石井正之助 55 高等学校講座『上級』数学Ⅲ 山崎三郎	00 劇『千姫』本郷秀雄ほか 15 スポーツハイライト 20 夜話 私も燃えている 35 ジュークボックス 55 きょうのニュースN天	00 劇『飄饗とその裏』 20 スポーツパレード 30 ギターアルバム 45 N 50 きょうの動き 根津
11	きょうの問題 り ・ 劇『……』	20 フランス語初級 前田 35 世界の民謡をたずねて	10 大学受験講座❶和文英訳 海江田進❷数Ⅰ…	00 魅惑のムード 語り手・大村まり子 30 国語精選講座

ラジオ東京 950

- 7・30 この人をステージに
- 8・00 大江山酒天童子
- 8・30 ふっくらぽん大学
- 9・10 浪曲天狗道場
- 10・30 〝タンゴ特集〟
- 11・45 ナイトストリート
- 1・00 ミッドナイト音楽

朝日放送 1010

- 8・00 ビクターショー
- 8・30 浪曲『刀匠』菊春
- 9・00 平凡アワー
- 9・30 お富と与三郎国友明
- 10・00 夢オメロディー
- 11・00 シンフォニーホール
- 0・40 『ポピュラー音楽』

日本短波 3925 6055 3945

- 7・00 プロ野球『巨人―中日』 後楽園

敗戦から9年が経ち、高度経済成長期の幕開けといわれる1954（昭和29）年。西日本新聞は女性読者に向けて、「婦人の日日の明るい経験や意見、主張や（略）真実の声をほしい」と呼びかけ、女性投稿欄「紅皿」を開設しました。

当時は、電気冷蔵庫・洗濯機・掃除機が「三種の神器」と呼ばれ始めた頃。家事の負担が減るにつれ、社会へ踏み出す女性も増えていきました。生活様式が急激に変化する時代の喜びや不安を受け止めるかのように、ほかの雑誌や新聞もこぞって投稿を募集。声を発する女性たちの勢いに、「書きますわよ」という言葉が流行したほどです。

先輩が「紅皿は市井の声の宝庫」と語ったことで、興味を持った私は、始まった頃の投稿を読んでみることにしました。そして偶然目にしたのが、戦地から戻る息子を待つ母親の「おはぎ」という一編でした。いたたまれない感情が湧きあがってきて、次の日、また次の日も、古いデータを読み漁ったのです。

折しも、戦後70年を迎え、テレビや新聞では、安全保障の議論や、戦闘地域の報道、語り部の方々の体験談が日夜伝えられていました。私も戦争を振り返る新聞企画で、70代、80代の方々から若い自衛官まで、たくさんの話を聞かせてもらいました。それは、私の少ない人生経験と知識では、想像が及ばないほど凄惨で複雑な世界でした。日本人として自分の事のように考えなくてはと思う一方で、どうしても、遠い世界の事のように感じて戸惑ってしまうのでした。

しかし、紅皿に寄せられた声は、私の目の前に迫ってきたのです。配給された古い鍋に残る母の思い出、貧しい暮らしの中で見つけたささやかな喜び…。描かれていたのは、当たり前の日常を送るという幸せを諦めず、理不尽な現実に向き合う女性の姿。驚いたことに、当時は10代、20代の投稿者も多く、その等身大の言葉は、時代を隔てて生きる同世代の私の胸を打ちました。そこには同性としてあこがれるおおらかさや強さもありました。

私は彼女たちについて、もっと知りたいと思うようになりました。そして、紅皿欄誕生から10年間に寄せられた約3千もの投稿を一つ一つ、ひもときました。そのうち、戦争に関連する言葉が書かれていた物語は300余り。はたして、どんな思いで「戦争」と「戦後」を生きたのでしょうか。時代の空気やにおいまでが伝わるような、表現力あふれる42編を収録します。

鴻池佐和子

目次

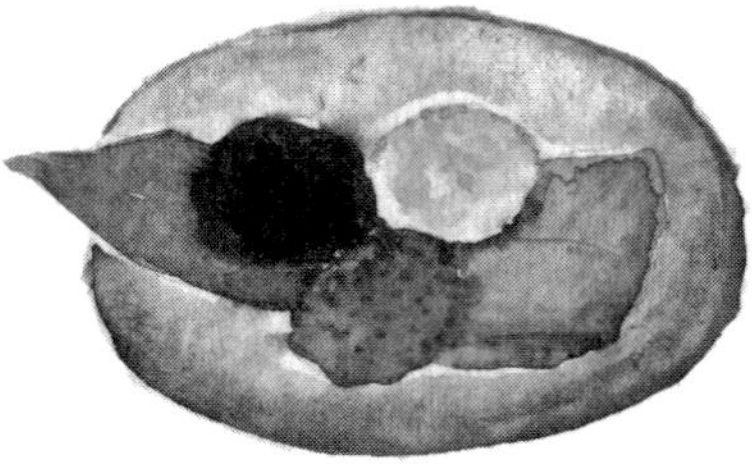

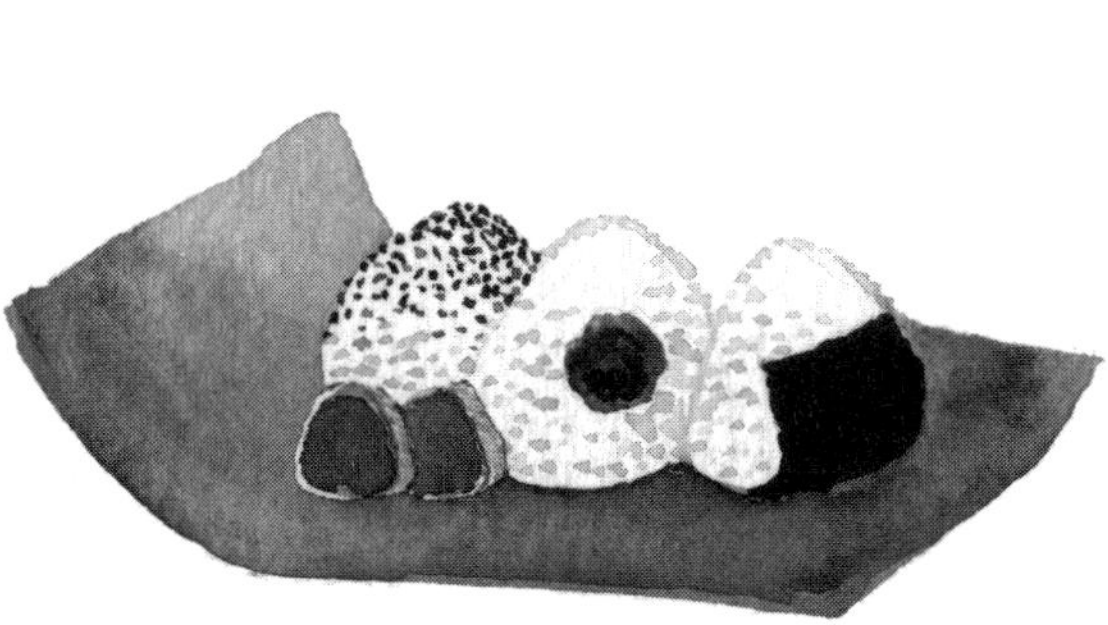

装幀　中川たくま
装画・挿絵　田中千智

鳥目

平川由記子　主婦・32歳　熊本県下郷村

私たち夫婦は、結婚して八年余りになります。それは、主人が復員[※1]してまもなく結ばれたからです。

私と主人は、至って幸福に暮らしています。これまでの間に、生活に風波など一度もありませんでした。私たち夫婦にとってただ悲しいことは、子供のないことなのです。

それともう一つは、主人が戦争の恐怖からまだ逃れられないで、何かにおびえているようなときがあることです。もう戦後九年を迎えようというのに、主人は深夜になると身ぶるいします。深夜、ものに憑(つ)かれたように突然私をゆり起こしては、恐怖につかれた子供のように呆然とするのです。

「どうなすったの……」

「塹壕[※2]に落ちたんだよ」

「まあ、いやねえ。早くお忘れなさいよ」

私はいつもこういって、主人を慰めているのです。あの激戦の中で、鳥目である主人は、夜が来ると一寸さきも見えなかったのです。斥候[※3]に行って、その都度塹壕に落ちたそうです。

ある夜、水を汲みに行って、それも比島（フィリピン）のジャングルの中の二百メートルもある谷底から汲んで帰り道に、つまずいて、折角苦労して汲んだ水をこぼしてしまったそうです。その当時の苦労と恐怖がまだ、主人の頭脳から忘れさらないのでしょう。

１９５４（昭和29）年2月28日

夫の遺影に

木瀬ハル　工員・43歳　福岡市

たしかに置いたはずの十円がなくなっていた。子供達にたずねてみたが、どの子も知らぬという。日ごろから次男の行動に不審な点があるので、きつく問いただしてみたが、知らないといい張る。長男は無口であくまで従順な性質に比べて、次男は傲慢（ごうまん）卑屈な性質です。

　金額としては僅少ですが、再三こうした不審なことがあるので、このままルーズにして置いては大事の前の小事でありますから、長男と次男を前にして自白させようと思いましたが、どちらも知らぬといって譲らぬので、二人を自白するまで、粉雪のちらつく縁側に正座させることにしました。

ややあって、次男が買い食いしているところを見た長男は、次男を責め、その実証を握られているため、とうとう次男が白状して明白となりました。次男は何故、このように強情に自白しなかったかを冷静に問いただしてみますと、〝母ちゃんがひどくぶつからいわなかった〟と申しましたことには呆然となりました。

思えば九年前、戦争で夫を失って四人の子を抱え、あらゆる苦難と戦い、人様からどうこうといわれたくない気持ちから、子供達を厳格に育ててまいりましたことが、こうした悲しみを生んだものであります。

血を分けた子供ながら、子供の性質に応じた教育をしていかなければ、みすみす子供を不良にしてしまうのだと気付きました時、冷汗三斗の感にうたれ、夫の位牌にぬかづき、燈明ゆらぐ夫の遺影が涙にかすんでしまいました。

1954（昭和29）年3月8日

模型飛行機

奥田郁子　事務員・23歳　竹田市

霧吹きした紙が乾いてピーンと張った翼に、すこしゆがんでにじんだ日の丸。

「サアできたぞ」

「ヒバリ[※4]、ヒバリ」

弟の駆けて行ったあとから、声だけが聞こえてきた。勉強なんかそっちのけにして、と笑いそうになった私の口からは、反対に小さな歎息がもれるのだ。苦心して合格した中学の制服がだぶつく袖口を折り曲げて、模型飛行機作りに熱中していた兄。機頭から尾翼まで全部自分で削ったり曲げたりの新鋭機は、幾台となく勉強部屋の天井で出動を待機していた。兄の目的は予科練[※5]受験にあったのだ。

三年のとき採用されて、得意げに紅潮した笑顔が、四人の友達とともに汽車の窓から遠ざかった。[※6]七つボタンの写真と一緒の便りには、渥美半島から日夜の別なく、猛烈な襲撃をつづけるアメリカ艦載機の合間を縫っての訓練の激しさと緊張が溢(あふ)れていた。

けれど、兄の喜びはほんの束の間だった。入隊してやっと三月余りだったのに、十七の少年の命は投下された爆弾の破片とともに飛び散ったのだ。

[※7]ジェットだ、[※8]ミグだと聞きかじりをさも楽しそうにしゃべる弟の顔に、ふと兄の面影がほうふつする。たかが玩具の飛行機とは思ってもなお、胸中に暗い危惧を禁じえない。無邪気な弟の夢が実現して紺碧の大空を飛ぶときは、きっと人間同士の殺戮(さつりく)や破壊のためでなく、平和をもたらす鳩の使者であってほしいのだ。

時の流れの勢いの中にあえぎつつ、なお生きようとする岸辺の葦（あし）の独言ではあっても、幼き者たちへの幸福を願う、切実な祈りと期待とをこめてである。

1954（昭和29）年4月21日

イースターの卵

末岡きみ　主婦・45歳　福岡県大野町

「はつ子」と、玄関の人声に飛びだした私たちの前に、家中春の装いに包まれ、にこにこしたマイクちゃん一家の顔があった。十ヶ月ほど前までお向かいに住んで、家の五歳になるはつ子と仲よしだったマイクちゃんが、にこにこしながら、丸い竹カゴに青赤紫などさまざまの菓子や色のついた卵の入ったものを捧げもって、立っているのである。イースターの卵は一日中はつ子を喜ばせただけでなく、わが家一同にもほのぼのとした友情の贈物を運んできた。

去年のいまごろは、日本にきたばかりのマイクちゃんもはつ子も、お互いの名前のほかは自国語ばかりでおままごと、人形ごっこ、駆けっこなどに一日中仲よく遊んだ。同じ年だけれど柄も体格もずっと大きいマイクちゃんは、なにかにつけてはつ子をよく世話し、かばっているのをみて、私たちはマイクちゃんの両親の日日のしつけをうかがいしることができた。子供同士のあいだには、戦争によるごうまんさも、卑屈さも、神経をとげとげしくたてあうこともなかった。

親同士なんの交際もなかったけれど、子供たちの遊ぶさまをみて、私たちが感じたことをそのままマイクちゃんの両親も感じていられたのであろう。

はつ子はいわゆる「基地の子」[※9]かも知れぬ。しかし、大人の世界の感情を子供に曲げて伝えささえせねば、半年経っても一年経っても忘れえぬ、子供の友情の世界がある。

1954（昭和29）年4月26日

女というもの

飯塚恵美　公務員・33歳　飯塚市

五月の連休を利用して、毎日役所の事務に追われ、忙しい日々を送る公務員である私たち女子職員だけの六人連れで、楽しい旅行地に別府を選びました。さすが観光地だけあって遊覧にも便利、また旅館のサービスもよく、二夜泊まりの一日はあっと思う間に過ぎ、翌日は土産物買いに出ると、街には人々がひしめいていました。

急に先方を歩く人たちの足が遅くなったと思うと、前から負傷された白衣[※10]の方たちが五人、失明、両足切断、松葉杖の方はまだよい方といったお気の毒な方々が、「ここはお国を何百里」[※11]と歌って来られるのでした。

私たちは志ばかりの金を差し上げて行き過ぎましたが、それからはなんとなく気分が重くなり、名残の夕食も心から楽しめませんでした。遊興に来ている自分がとても悪いことをしたようで、申し訳ない気がしていたのです。

その後、お友だちの間には、その折の思い出話に花が咲くのですが、きょうも一番年若なY子さんが、「白衣の方たちにお会いしなかったらもっとね」と、とても遠慮深そうにいいました。貧しい給料から天引き積立をして長いあいだの夢のように楽しんでいた旅でしたから……。

再軍備[※12]が問題になっている今日、まだ前の戦争の後始末も十分にできていないのに、といった気がしています。

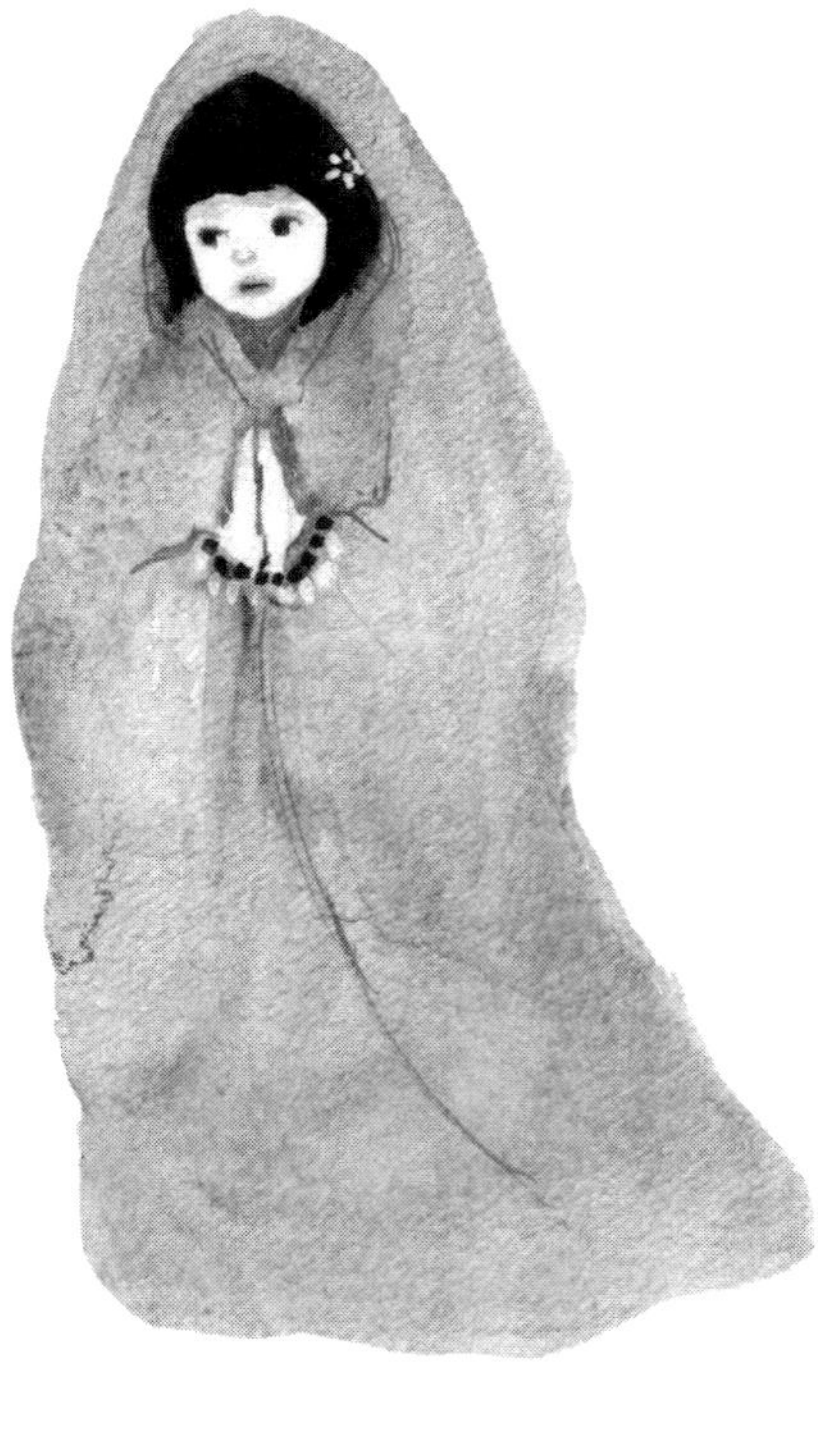

1954（昭和29）年7月12日

お手玉

深潟月子　主婦・31歳　島原市

降りつづく雨をうらめしそうに眺めながら、一年生の長女が所在なくお手玉をしている。まだ入学して三ヶ月にもならないのに、いつのまに覚えたのであろうか。手つきがたどたどしくて、どうしても歌の方が早回りしてしまう。

ふと、その歌に耳を傾けて、私は驚いた。

昔、昔、私たちが歌いつづけたのと同じ文句である。そういえば大昔のように聞こえるが、十年を一昔とすれば、昔、昔の二十年前は日本が軍国主義を鼓吹して、ひたむきにまい進したころである。なつかしいけれども、その歌の内容を変わり果てたいまの世に歌われて、私はりつ然としたのである。

一で談判破裂して[※13]
日露戦争となりにけり
さっさと逃げるはロシヤの兵
死んでも尽くすは日本の兵
五万の兵を引き連れて
六人残してみなごろし
クロパトキンの首をとり[※14]
東郷大将万々歳[※15]
大山大将万々歳……[※16]

こんな文句を平気で歌いつづけているのである。私はあわてて箱根の山を教えてやったけれど、子供にとっては遊戯が最も早く頭に入り、その記憶力も強い。自衛隊はできたかもしれないが戦争は嫌だ。新しい日本の子供たちのために、自由な美しい知識となる歌はないものであろうか。

1954（昭和29）年7月28日

平和への願い

原喜美江　看護婦・23歳　武雄市

ある夕べ、ささやかな幻灯会[※17]が催されました。初めのニュースと漫画も、私たちのかたときも忘れたことのない「平和」をテーマとしたものでした。

いよいよその日の呼びものである箱根風雲録[※18]は、農民の治水工事を幕府の役人が、自分たちの面子のために弾圧し、妨害するという話でしたが、ちょうど汚職[※19]事件にたいする政府の指揮権発動や、決算委員会への首相喚問を議長の職権を利用して阻止しようと運動した政府のやり方によくにて、嫌な気がしました。

いよいよ終わりに近づいて、百姓と役人との小ぜりあいから、お互いに石を投げたり、鉄砲をうったりするはげしい殺し合いの場面になると、弁士もなかなか名調子で、ワーッとか、オーッとか大きな声をはりあげていました。

するると突然、それは反射的とでもいいたいように、興奮した声が、それに合わせてあちこちからあがりました。男の人たちのなんと無邪気な顔だったことでしょう。それは戦争ごっこをたのしんでいる男の子の顔でした。私はハッと胸をつかれるような思いにうたれました。この人たちこそ、日ごろ戦争反対、再軍備反対を叫びつづけている人たちなのです。身をもって戦争の苦しみを体験して来た人たちなのです。

あれから九年、平和を平和をと祈る私たちの願いとは反対に、ちゃくちゃくと再軍備のすすめられている現在、私は男の人たちの血の中にひそむ〝何か〟に、慄然(りつぜん)としたものを感ぜずにはおられませんでした。私は改めて、「平和」のための女性の任務に思いをいたしたのです。

1954(昭和29)年10月7日

帰国者

尾葉石幸江　主婦・27歳　戸畑市

先日、何の気もなく、ラジオのスイッチを入れてみた。突然、

「お母さんと呼んどくれ！　お母さんと呼んどくれ！」

と、前後の事情がわからないまま、異様な声が、私の耳に飛び込んで来た。顔をくしゃくしゃにした、涙に汚れた母親の顔が、私の目に浮かんだ。こんどの中国からの帰国者は、大半婦人、子供であった。子供の三分の一は日本語を話せないという。放送はこの中の一人で、十一歳の少年が母親との対面録音放送であった。

「……ブミンバイ（知らない）」

少年は戸惑い気味に母親に圧倒されながら答えた。私は少年の言葉の、音階の大人に近い低さに、容易ならぬ悲劇の深さを感じた。母親は言葉の通じないもどかしさにわっと泣き出した。

「お母さんがわからないの！　お母さんと呼んでちょうだい！」

と、かきくどいた。

母親の激情もうつろな反響となっただけである。少年もようやく母親とわかったのか息せきこんで、

「ニーデムーチン（貴女はお母さんですか？）ニーデムーチン？」

私はこの対面を長く感じた。しかし二、三分のことであった。言葉が通じないことで、肉親を目の前にしながら、打てどひびかない感情の間遠さに私は涙を流した。「お母さんと呼んどくれ！お母さんと呼んどくれ！」という母親の叫びは、身振るいするほどの響きがあった。

1955（昭和30）年4月20日

愛国心

多嘉とし　無職・65歳　佐賀県有田町

最近再軍備をめぐって、愛国心とは何かと云う議論をよく聞いたり読んだりするようになりました。そのたびに戦時の、あの愛国心の先入観がきびしく私を捉え、何か暗い割り切れないものを感ずるのです。

真の愛国心とは、国土を愛し、国民を愛することだと思います。もっと身近な言葉でいえば、吾々の田畑を愛し、吾々の生活を愛し守ることではないでしょうか。過去の愛国心は、政府の特定政策への絶対的忠誠を愛国の美名の下に強いられ、盲従させられていた国民感情の麻酔剤でしかありませんでした。その結果は、真の愛国心とは全然逆な生活の破壊でありました。

商売をしていた大黒柱とも頼む息子に赤紙[※20]が来た時、役場の人達は、「後のことは心配するな」といって送ってくれました。その後、息子は戦死し、商売は出来ず、「苦しみ」の一語につきる生活。しかも弔慰金は十年後の今日、未だもらえぬ有様です。出来るだけ早くとお願いしようものなら、「国が金をくれるとるとじゃっけん……」と申します。なるほど、国が金をくれるのに違いはありませんが、その言葉には人命の死に対する弔慰の一かけらもなく、貧者に金を恵んでやる気持ちしか含まれていませんでした。

「息子さえ返してくれたら、こんなケチな銭はいらぬ」と、いいたい怒りをやっと喉にこらえ、息子の死は帰らぬ過去として、適齢期になった孫達には、「絶対銃をとらせてはならぬ」「間違った愛国心に躍らせてはならぬ」と、強く私の胸に叫ぶのです。

1955（昭和30）年6月13日

入道雲

原ヒサノ　主婦・30歳　佐賀市

入道雲の美しい季節とある。私はこのむくむくと盛りあがる真白い入道雲を見ると、十年前に私の眼前で演じられたいたましい空中ページェントを思い出さずにはいられない。

終戦の年のちょうど今頃のこと。B29[※21]の東京空襲の日、近くの海軍飛行場から飛び立った赤い練習機が、B29の戦闘機めがけて体当たりし、アッという間に機体はバラバラ、搭乗員は黒い一つの塊となって地上に落ちて行った出来事があった。家庭の主婦であった私が、目のあたり見とどけたこのいたましい瞬間の出来事は、十年経った今でもありありと、その背景の美しい入道雲まで思い出されるのである。

その当時、私の泣き顔におどろいたひとみで私を見上げていた女の子も、今では高校の一年生である。この子がやがて主婦となった日に、幼児を抱きながら、あんな悲しい憶いで入道雲を見上げる事のないように、切に祈らずには居られない。

あの年から十年経った今、戦争の恐怖の消えてしまえない事をかなしむと同時に、こうして散った幾多の尊い生命の冥福を心から祈らずには居られない。次の子供の代に、決して、決してこんな体験をする事のないよう、世界に向かって心から叫びたい。

1955（昭和30）年7月31日

父の絵

村田和子　21歳　熊本市

私の家には父の描いた絵が一枚あります。終戦後の夏、あのイモ、カボチャさえ満足に食べられず、その日の食糧を求めるのに血眼になっていた頃のことでした。[※22]

ガサガサした画用紙に、これもカチカチになったような絵の具で、父が家の前に腰をおろして描いたものでした。その絵を見ると、わが家の横にはカボチャが生い茂っています。そしてサイレンの聞こえるたび走って逃げた、焼けつくような道も見えます。手入れする人もいない草だらけの土地も描いてあり、私はこの絵を見るとき、戦争の恐ろしさを思い、「戦争は嫌い」と心から叫ばずにはおれません。

十年後の今、毎日の生活が楽ではないことは同じであっても、あの壁をおおい隠していたカボチャのしげりは影をひそめ、少しばかり〝ニラ〟が、夏の陽を受けて風にやさしくゆれています。いじくる人々もなかったあの土地には、新しいお店も出来ました。

何年も部屋にかけっぱなしだった額をおろし、ガラスをはずし洗いながら、まだ平和とは名ばかりのこのごろの世の中に、真の平和が一日も早く訪れるよう祈らずにはおれませんでした。アメリカやソヴィエト[※23]はもちろんのこと、世界中の人が、男も女も近所の人々も、たとえ生活はささやかであっても理解し合い、心から手をとりあう日はいつのことでしょうか。

これからもこの絵は部屋の正面にかけられて、いつまでも私たち一家にあのころの思い出を語らせることでしょう。今年の八月十五日はそれから十年目と思うと、生きることの切実な哀しみとよろこびで、私は改めて父の絵を見直すのでした。[※24]

1955（昭和30）年8月16日

教科書

増山キメ　農業・47歳　長崎県湯江町

今度の戦争で夫に戦死され、その上長男に病まれてしまい、女一人で八人の子供を育てて来たのは並大抵の苦労ではなかったが、どうにか子供達も成長、一番末の六年生の男の子が修学旅行に行く事になった。生活がやや楽になったとはいえ、修学旅行の費用はなかなかであった。

「お母さんただいま」と、無事帰って来た子に私はつい、

「お土産は何?」

と口からでた。するとこの子は途端にしょ気かえり、泣き笑いのような表情をした。（まあこの子はみんな無駄づかいしてしまったのだろうか）私は内心、穏やかでなかった。

「どうしたの」と聞くと、黙って、出掛ける時渡した金をポケットから私の前に差し出した。私はキツネにつままれたようにぼう然として、子の顔と、手の中の二、三枚の紙幣を見くらべていた。

「僕ね、一銭もつかわなかった。このお金でまだ買ってない教科書を買うとよ」

私はこの言葉を聞いた瞬間、いいようのない思いにさせられた。子供に一番大事な教科書なのに一度に買ってやれず、一、二冊残っていたのである。

教科書が、子供達にとっての命のつぎ程にも大事なものであるという事を、今更のように痛感させられてしまった。毎日教科書のことばかり考えていたのであろうかと思うと、もう胸が一ぱいになってしまった。子供達にだけは苦労させまいと思いながらも、つい生活に追われて、大事な教科書さえおろそかになっていたのである。新聞やラジオ、雑誌などで報じられる惨めな子供達のことも思われて、私は考えこんでしまった。

1955（昭和30）年10月19日

私の計画

平川ツユ　主婦・34歳　川内市

戦争中、貯蓄々々で明けくれて、娘らしく装うこともなく過ごして敗戦となり、貯金などするものではないと骨身にしみたものでした。嫁に行くときはお金では品物が買えず、なぜもっと着物でも作っておかなかったのだろうと情けなく感じました。こんな世の中が二度とめぐって来ないようにと思いつつ、二人の子の母となり、わずかばかりでも貯蓄を心掛けねばならぬこの頃です。

衣類の出回った今日、廃物利用[※25]とか繰り回し[※26]とかいえば若い方はおかしいでしょうが、これも貧しいもののよろこびでもあり、いろいろと繰り回しては、十年一日のごとく昔の着物ですごしています。

先日、妹が遊びに来て、

「姉さん、いつきても同じ昔の着物を着てるのね。もうすこし流行のものを買ってごらんなさいよ。貯金するお金で衣類を買っておきなさいよ。また戦争にでもなったら、お米にでもかえられるし、その方がりこうよ。姉さんなんか、こりたんじゃないの」

と、冗談にいうのをきいて、

「まあ、また戦争？　戦争のことを計算に入れて将来のことを考えるの」

といいながら、何となくこんなことをいう妹がにくらしくなりました。

長男や長女が人並みな教育を受けられるようにと、将来を思い、親は辛抱しているのに、戦争を計算に入れて計画は立てたくはないものです。私たちのささやかな願いも、平和であってこそ実現するものです。いつまでも平和な世の中であってほしいものです。

1956（昭和31）年4月28日

うちわ

井上冬子　仕立業・40歳　福岡県三橋町

「お母さん」

夕飯の支度をしていると、買い物から帰った長女のK子が、さもうれしそうに私に声かけながら台所にかけてきて、さっそく一本のウチワを見せるのです。

「もう、これで何本ね、きっとレコード（新記録）になるよ。ね、お母さん」

「そうね。しっかりがんばりましょう」

魚屋さんからもらってきたというこのウチワは、やや四角ぎみでトンボと朝顔がよく調和し、すっきりした絵が描かれている。

戦前少しは裕福に過ごしていた私たち一家にも、やはり悲惨な波は押し寄せてきたのでした。空襲[※27]で家と一児をうしない、ツエともたのむ主人は南方の島[※28]でかえらぬ人となった。三児をかかえてそのご十年というものは、ほんとうにやっと生きてきた思いでした。それでも最近は、どうやら人間らしい生活ができるようになったのです。

私はともかく、幼いころからいやというほど現実の苦い経験を味わってきたK子には、せめて授業料だけでも人並み、月月に払えるようになったのは、どんなにうれしいことだったでしょう。商店などからもらうウチワも、こんな私たちにとってはだいじな意味があるのです。その数がふえるのは、それだけゆとりが出てきているからで、つまり、家計とウチワは正比例する？という考えから、毎年ウチワを一本でも多くもらえるようにと、一所懸命仕事に勉強にはげんでいるのが私の家庭です。

今年は昨年よりまた楽になってきたようですから、もらうウチワもきっとK子のいうように、レコードをつくることでしょう。

1956（昭和31）年7月26日

酒と父

森下春子　主婦・28歳　福岡県宗像町

父は、酒が大好きだった。朝よし、晩よし、昼もよしで、地下足袋のまま戸だなに首を突っ込んでは、よくのんでいた。私が幼いころは、雨風をとわず近くの店に酒を買いに行くのが仕事の一つ。小学五年ごろまで父といっしょにやすんだが、冬の夜は父のまたぐらに両足を入れると湯タンポみたいに暖かかった。

歌舞伎や相撲見物にも、水筒酒とともに私もお供したものだ。そんなときも、行きはよいが帰りは閉口で、向こうで一ぱい、こちらで一ぱいのはしご酒、好きなくせに弱く、すぐに足を取られて道端でもおかまいなしに寝ころんでしまう。若いころ清水川と名乗って素人相撲をとっていただけに、頑強な体が横になってしまうと、子供の私には手に負えず、父のそばにしゃがんでしくしく泣いたこともある。

末っ子だった私は誰よりも可愛がられたが、酒が入りすぎるといやなことはいうし、失敗しては母につらく当たる。そんなときの父はきらいだった。こんな父だから母の気苦労はとてもじゃなく、いつも、「娘のムコは酒をのまない人を」と口ぐせにいっていた。幸い義兄も私の主人もぜんぜんダメで、もっぱら甘党である。こうして母たちを悩ました父だったが、その父ももういない。カボチャはカボチャの子で、兄たちもそろって一升徳利組だった。戦死した二人の兄の真新しい墓標に頭からなみなみと酒をかけてやったっけ。

戦死の公報をもって役場からみえたとき、「ありがとうございました」と、にっこり笑って涙一つ見せなかった父も、よえば仏壇の前で、「親より先になぜ死んだ」と男泣きしている姿を見ると、かわいそうで私も泣いた。

町で父と同年配の千鳥足の人を見かけると、「好きな酒ですもの、量をすごさずのめばなによりの薬です。どうか気をつけていつまでも達者でいて下さい」と、胸のなかでつぶやく。そんなとき私の胸に、ありし日の父がよみがえり、生前のあれこれを思い出しては微苦笑し、涙ぐむのである。

1956（昭和31）年9月1日

Fおばさん

新盛幹子　高校生・18歳　福岡市

Ｆおばさんは、いつ見てもきれいで若々しい。別に化粧もしていないしパーマもかけていない。黒い髪を無造作にうしろでまとめ、前だけにある生まれつきの天然ウェーブが白い額を横に流れている。そして朗らかに笑う。そんなとき、おばさんの顔は、娘みたいにいきいきとしてチャーミングだ。

Ｆおばさんは父の弟嫁で、私には叔母にあたる。私の幼いころの記憶にあるＦおばさんは、決して愉快な人ではなかった。ヒステリーで顔色の悪い陰気な感じのする人で、それにすごく人づきあいの悪い人だった。叔父が戦死し、家は戦火にあい、Ｆおばさんは町はずれのボロ貸家にミシンだけを資本に仕事を始めた。

それまで正式に洋裁も習っていなかったし、生活苦は眼前に迫るし、Fおばさんの苦労はたいへんだった。ところが、そのころから、Fおばさんの性質は大転換したらしい。朗らかで、親切な、私が尊敬している今のFおばさんになったのである。

おばさんは、わざと化粧をしないのではないが、おばさんには自分の身の回りをかまっている余裕がないのだ。戦争未亡人として十数年、三人の子供の養育に戦時中からこのかた、一時の緊張もとかず、一所懸命ミシンを踏んでいる。そしてFおばさんは、どんなときでも失望しないし、朗らかさを失わずにいる。おばさんは人生の勝利者、おばさん万歳だ。

しかしおばさんの戦いはまだすんでいない。今晩も歌をうたい

ながら、あのボロ貸家で、夜おそくまでミシンを踏んでいること
だろう。従妹たちの成長を唯一の楽しみに……。

1956(昭和31)年9月18日

タマゴのじいさん

泉万喜子　公務員　熊本市

タマゴのじいさんがきはじめたのは、去年の春ごろだったろうか。タマゴの多いころで、「○○通りじゃずっと安いのに……」と私は母に文句を言ったものだ。「でも、八十七というからねえ。それに気持ちのいいおじいさんだもん、西洋のおとぎばなしにでてきそうな……」と、母はいつもおじいさんのタマゴを買っておくのだった。

暑い盛りになってタマゴの値が上がっても、おじいさんのタマゴは同じ値段だった。ある日曜、初めておじいさんに会ってみると、想像どおりキノコみたいな帽子の下に、小さい小さい、でも血色のよい顔が笑っていた。

「おじいさん、七十八の間違いでしょ？」

「なんの、本当たい」

計算もテキパキ、重いカゴを両手にさげて、リズミカルに歩く足どりも頼もしい。ほどよい日数をおき、おじいさんは現われる。

「西南の役[※29]から五回も戦争にゃ会うた。もうしまいばい」

「早う帰って、しょうちゅう一ぱいが楽しみたい」

と、おじいさんの話は淡々としておもしろい。「こんどでけたよか(出来たよい)長屋でもタマゴば買いなはる」とは鉄筋の文化アパートのこと。

「暑いね」といえば、「ほに(ほんとに)ぬくうてなあ」という。

息子さんは繁華街で商売をし、孫は大学、だが町はずれの一人住まいで自分で働く暮らしを、おじいさんは心のどこかに楽しんでいるのである。決して欲もおこさねば、無理もしない。ただ正直に働くことが、このおじいさんのかくしゃくとした健康に役立っていることはたしかだ。

今ではおじいさんの顔をみるのが家中の楽しみになり、おじいさんのタマゴは何だか縁起がいいような気がする。

1956（昭和31）年9月19日

やりくり

金田要子　主婦・35歳　佐世保市

裏口からそっと入って来られたTさんの奥さんが、手をもじもじさせながら立っている。そして、

「ほんとうにいいにくいのだけど……」

と何だか恥ずかしそうに私をうかがっている。瞬間、胸にピンと来た。私はつとめて心中の動揺をかくし、

「なあに、どうしたの」

と、何気なく返事をした。それから、こうしてTさんの奥さんが恥ずかしそうに来られるのはこれで何度目かしら、と胸の中で数えてみる。

裸一貫となって引き揚げて[※30]から、冷たい世間に歯をくいしばり、

日々の生活と戦ったあのころの苦しさ――。お金のないほどつらいものはない。十年たってどうやらわが家も落ち着いた。過去を思えば人様にも少しくらいなら融通できる方の身の上になった現在を、ほんとうに感謝して暮らしている。

Tさんは田舎町の工場で働いている。小企業であれば、その給料も話にならぬほど低いそうだ。親子五人の糊口をしのぐにもこと欠く状態だという。その中から、学費やいろんなものをひねり出さねばならぬ奥さんは、そのやりくりで眠れぬ夜もあるという。

「奥さん、うちも今月はいっぱいいっぱいよ、でも何とか五百円くらいなら……それでもないよりましね」

と、私は今月の家計からやりくって笑いにまぎらす。おたがいにサラリーマンの妻であれば、後何日したらつぎの給料日――と、二人で指を折って笑うのである。貧しい時こそよい友でありたいと念じつつ……。

1956（昭和31）年9月22日

ヨウカン

田代みつ　主婦・32歳　八幡市

おみやげにいただいたヨウカンで、お茶を飲もうと主人がいい出しました。私も子供も賛成です。美しい銀紙に包まれたヨウカンにナイフを入れた私は、フト過ぎ去った昔を思い出しました。いまこうして家族そろってヨウカンが食べられようなどと、その時は考えもおよばなかったことです。「生きていてよかった」と思わず口に出してしまいました。

あの食糧不足の時代には、今日のような平和な、そしてなんでも十分に恵まれる生活のできるとは夢にも思わなかった私です。とうてい二度と昔の生活はできないだろうと、母は子供にお菓子の与えられないのを嘆いたものでした。私はお茶碗を片手に、そのころの思い出話をみなにして聞かせました。

戦争の一番激しかったときです。どこにもお菓子のなかったころ、私は挺身隊[※31]で勤めに出ておりました。ある日、知り合いのおばさんに汽車のなかで、珍しいのでおすそ分けといって、少しばかりのヨウカンをいただきました。おいしいからおあがりとすすめられ、私は口に入れようとしたとき、フト母のことを思い出しました。とてもヨウカンが好きだったのです。私はそっと、モンペ[※32]のポケットに入れました。

その日一日の帰りの待ち遠しかったこと、汽車から一番に降りて、走って帰るなり、母の手にヨウカンをにぎらせたときのあの母の顔、いまも忘れられません。母はそれを小さく切って、「みんなでお茶をのみながら、死ぬ前にいま一度、ヨウカンをおなかいっぱい食べたい」といったことをおぼえています。
聞き終わって主人は、昔の修身教育は[※33]「国に忠、親に孝」といったものだ、と私の話を子供たちにわかりやすいように話していましたが、どうもピンと来ないらしく、「母さんの家は貧乏だったのね」とひとこと。思わず主人と大笑いしました。

1956（昭和31）年10月26日

クリスマス

石井みすゞ　主婦・32歳　大分県野津町

クリスマスを待つ子供の歌声に、
平和を愛しながら戦死していったAがしのばれるこのごろである。
十余年前の冬の夜、コタツでボロつぎをしている耳に、
カッカッと軍ぐつをひびかせてAが入ってきた。
白い歯並びをみせ、挙手の礼をして、
「とうとう出かけます」
と、云った。
医学を専攻していたかれは、
白く光るケンを目の前に抜いてみせながら、
「ぼくらがこれを抜くときは最期ですよ」

と、太いマユをよせて、
「人間同士が血みどろにきずつけあって、
ぼくらはその手当てをするんですからねえ」
と、ぶ然としていた。
Aは熱心なクリスチャンだった。
東京の安アパートで苦学しながら、
神の道を歩む希望にもえていた。
帰郷のできた冬休みには、
ささやかなクリスマスの食卓をかこんで「聖夜」を歌い、
キリストをたたえる話をきかせてくれたものだ。
私たちはそれにきき入りながら、

この物静かなやさしい従兄が大好きだった。
出征後[※34]、満州[※35]から、
「内地のようなボタン雪は見られません。
サラサラと細かい砂みたいな雪が
風のたびにサァーッと舞い上がります」
とあちらの冬を知らせてきた。
ようやく敗戦色濃くなったころ、
「日本男子として恥ずかしくない最期をとげます」
と書いてよこし、それっきりになった。
りっぱな医者になって人々を救いたいと願っていたAは
〝日本男子〟であることが、どんなに情けなかったことだろうか。

サラサラした雪上で最後のケンを抜いたAの心境を思うと、
いまでも胸が痛むのです。

1956（昭和31）年12月14日

墓標

中村千紗緒　無職・20歳　久留米市

さきごろ、ふとした病いがもとでぽっくりなくなった妹の墓もうでを、久しぶりに思いたち、冬日をまともに受けて綿菓子のようにふくらんだ枯れススキや、黄色にしぼんでカサコソと音をたてるササヤブの道を登り、丘の頂上の妹の墓にキクを手向け終えての帰り道のことです。

全体が墓地になっている丘の中腹に、真新しいミカゲ石の石塔が建てられているのに気付き、何気なく碑面の文字を読み、思わず心を打たれました。

――享年二十、ニューギニア沖海戦ニテ名誉ノ戦死ス――

私の目をクギ付けにしたのは、その「二十」という文字でした。

私がちょうど二十歳だからなのです。何という若さで……。私は小道のススキをかき分け、思わず墓標の前に立っていました。ようやく思春期を迎えたばかりでなくなった妹を、いとおしむ心からさめやらぬうちなので、せめて新しい碑でも建てて、浮かばれぬ息子さんの霊を慰めようとされるご家族の気持ちも察せられて、気の毒に思っていますと、驚いたことにはどうでしょう。つぎの墓も、そのつぎも、「ビルマにて戦死」[※36]、「マニラにて戦死」……しかもその戦死者の大半が二十代ばかりなのです。

太陽族[※37]、ドライ[※38]とさわがれている私たちの世代と、血なまぐさい青春を迎え、南海に散っていった一昔前のひとびととは、何という違いでしょう。まるで戦争の被害を一人で背負わされているように、反抗と享楽に明け暮れている私たちの世代、はたしてこれでよいのでしょうか。本当の被害者は、自由も希望も知らずに地下に眠っている、この一昔前の二十代ではないでしょうか。故人となったこの人たちは、反抗さえできないのです。私は複雑な気持ちで、西日に向かって墓地をおりてゆきました。

1957（昭和32年）年1月6日

初月給

中島ミユキ　事務員・17歳　柳川市

きょう私は、生まれて初めて月給をもらった。私の勤め先はある機械屋さん。でも今月は日数が半端なので、まるまる決まった額はもらわなかったけれど、それでもこれが自分の働きによって得たお金だと思うと、うれしくてならない。

お友だちはみんな、あれを買いたい、これを買いたいと、買いたい話に花をさかせていたけれど、私はここ当分は、自分の物だけ買ったり、オシャレを始めることはしんぼうしようと思う。

私はこの初月給を、そっくり母の手に喜んで渡した。初月給だけでなく、これからも当分のあいだそうしようと思っている。戦争で片腕をなくした父が、不自由な身体で毎日、雨の日も風の日も行商に出て、私たち三人の子供を育てているのを見ていると、早く学校を出て、少しでもお父さんに楽をさしてあげたいと私は思っていた。いよいよ卒業してお勤めができ、初月給をもらった喜びは、他の人と少し違う気がする。これでやっと私のささやかな願いが達せられた。

母の言葉によれば、父はもともとお酒が好きだったそうだけれど、今はちっとも飲まないので、せめてこれから父に好きな晩しゃくでも始めていただこうと私は思っている。しかし、父は晩しゃくを始めてくれるかしら……。お父さん、きょうだけでも早く帰って来て下さい。娘が〝一本〟つけて待っていますからね。

1957(昭和32年)年4月5日

わが家の茶わん

小林清香　学生　諫早中

日曜日の朝の日課の一つに、茶わんをクレンザーでみがくのが私の決まった仕事だ。この仕事がいやで裏のかきねをくぐって遊びに出たこともあった。小学校の六年だったかしら。みがいている途中でつい手をすべらせて割ったり、欠いだりしたときのみじめな気持ちも幾度か味わった。けれど真っ白になって湯通しするときは、心までみがかれているようだ。

父の松の枝を配した風景画、母の梅の花のごはん茶わんは、私たち三人の子供がお小遣いを出し合わせて誕生日に贈った品物だった。弟と妹のは、修学旅行のとき買って来たものだ。「旅行の記念品に茶わんとは、一風変わっている」と父に笑われたが、汽車の乗り換え、バスの振動に割らないようにと、どんなに注意して持ち帰ったか。だから、他の茶わん以上にたいせつに取り扱っている。

食器だなの上のほうには、引き揚げ後、無償配給※39の、絵のないただ白いうわ薬がぬってある円筒形のような茶わんが五個並べてある。彼らは、高いところで、私たちの生活をすみからすみまで、じっとながめているようだ。あの終戦後数年の苦闘の生活を忘れ去って、ややもすると甘く考えがちな現在の生活に、つねに質素であれ、謙虚であれと、無言で励ましてくれる。

朝日を受けて光っている白い茶わん。私がお嫁に行くときは二個だけ持って行こうと思う。いかなる困難に立ち向かっても、微動だにしない〝静〟の姿を、そして世界中に誇りに思う母の姿を、彼らの中に感じる。

1958（昭和33年）年4月26日

平和への悲願

平田常子　無職・69歳　福岡県

けさも庭のお花を仏前に供えて、亡き夫と次男の霊にお祈りを捧げる。静かに立ち上がる香煙の彼方に、いまにも、「お母さん」と私の胸に抱きつかんばかりの次男の遺影を見詰めて、思わず涙がにじみ出てくる。

次男が現役入隊したのは昭和十六年、太平洋戦争開始の朝でした。その前夜、柔道二段、たくましい体格の次男は、虫の知らせか、今晩が最期の別れかもわからんからと、赤児のように一晩中私の懐に抱かれてやすんだのでした。

血戦四年、次男は終戦の年一月、ついに東部ニューギニア、ブナの奥地で戦死しました。水ももらさぬ優勢な米軍に包囲された日本兵は、木の芽、草の根、トカゲ、カエルを食べていたが、しだいに体力を消耗し、ついには己が膝の上にきたカエルを捕える気力さえも失せ果てて、この世を去っていったのでした。

はるか太平洋の果て、南十字星輝くニューギニアの密林の奥深くには、無残にも幽鬼のようにやせほそり、むなしく餓死していった幾千、幾万もの前途有為な若人たちの白骨が、春風秋雨すでに十数年を経たいまもなお、るいるいとして横たわっていることでしょう。

老いさき短い私の切なる願いは、ひとしく神の子である世界の人々が互いに殺し合う戦争という罪悪を、永遠にこの世から消滅させることであります。そしてこの願いはただ一人でなく、子を、父を、はたまた夫を戦争に失った、みなさまのひとしく叫ばれる悲願であると、私はいま、小石が一個入れてある次男の白木の骨箱を涙でふし拝みながら、かたくかたく信じてやみません。

1958(昭和33年)年5月24日

甘酒

久保やす子　主婦・42歳　飯塚市

町の店先にはそろそろクリ、松タケと、季節の珍味が顔をそろえる。また甘酒の恋しい季節ともなりますが、また私には忘れることの出来ない亡母の命日がめぐって来ます。

空襲の明け暮れに、じっとゆっくり病体を休めることも出来なかった亡母は、たいぎそうに一日に何回も防空ゴウ[※40]の中まで体を運ばなければならなかった。あの十三年前、何よりも好物として、いや唯一のお薬とでも思っていたのか、「甘酒、甘酒」と口ぐせのようにいい通していた。

郷里の大分から、時おり無理をしても郵送してもらったときのあのうれしそうな顔——。空襲が激しくなってそれも出来なくなると、いくばくかずつたくわえていた最後の五合の配給米[※41]で、コウジをつけてもらうため、頼みに出した。しかしとうとうコウジに花がつかないとかで、最後の頼みの甘酒も病母には与えることも出来なかった。そして数日して、「甘酒」と口にしながら永遠の眠りについた。ただ一口でもいい、最後にあの喜々とした顔でもう一度……と思うと、大きな悔悟の涙がながれてくる。

それから私は、毎年亡母の命日が近づくと何となく甘酒が作りたくなり、そして、そっと仏前に供えるのです。亡母は知ってか知らでか……、これは私自身の気持ちを慰める意味だけのものでありましょうけど、私は毎年甘酒を作りつづけるのです。

1958（昭和33年）年10月22日

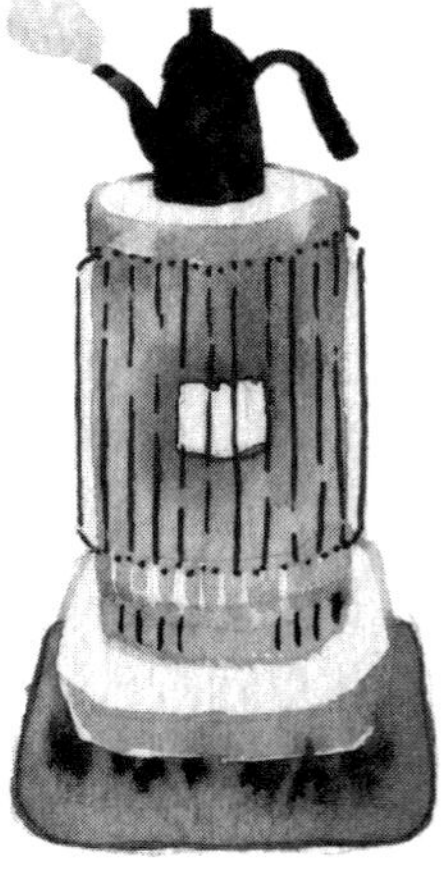

息子の食欲

尾池末　主婦・40歳　大牟田市

「母ちゃん、これ何杯目?」と、賢一が問う。もう六杯目なのだが、
私は腹の中で笑いながら、

「四杯目半よ」といってやる。

「賢一、それ六杯目だぞ!　あまりたくさんたべると病気になるぞ!」と、兄ちゃんがあきれた表情で注意する。しかし、賢一は関取の食欲についてしゃべりだす。

「時錦[※42]はね、ごはんをあまりたべないそうだよ。だから肉がつかないんだって……。あれで肉がつくとさぞ強いだろうにね……」

そして六杯目を平らげた。兄ちゃんが心配するように、私もちょっと心配にもなるが、高校二年の若さは少々のことでは病気

なんかしないものらしい。

兄ちゃんの育ちざかりは敗戦のころだった。毎日が、たべることへの戦いだった。あのころ、四つの賢一を背負い、戦災で焼け残りの衣料をもって、いなかに物々交換してもらいに行ったものだ。お巡りさんにつかまったこともあった。混雑をきわめる汽車にやっと乗った。そして降りたところをつかまって取りあげられ、涙を流したものだ。

あれからもう十三年。ことしも豊作だ。息子の食欲を見ながら、私は胸の中で戦争はもうイヤだと思う。

まずしくとも一家そろって、麦の入ったご飯でも、腹一ぱいに子供たちにたべさせてやりたい。この息子の嫁たちが、ふたたび私たちの通った道をたどらなくてすむようにと、私は祈るのだ。

1958（昭和33年）年12月1日

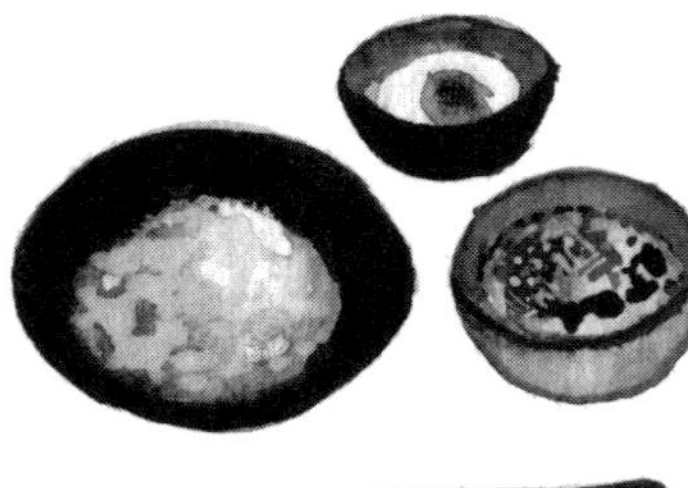

派出婦日記

紫伊津代　派出婦・49歳　長崎市

わたしは派出婦[※43]。

いまはあるキャバレー[※44]の炊事、洗たくに通っているが、ここは二十人ほどの女給[※45]さんがおり、しかも半数以上が住み込みというので、ちょっとした寄宿舎のような騒ぎである。

夜は毒毒しいほどの化粧で外国人客など相手に、踊ったり歌ったりの彼女たちも、朝はお寝坊女学生と変わりはないし、昼はヒマさえあれば口を動かしている食いしんぼうさんに過ぎない。

ゆうべもしつこい酔っぱらいに腹を立てて、男顔負けのタンカを切っていたNちゃんは、別に東京あたりから流れてきたというようなイワクつきの女給さんでもなく、故郷の対馬にいる中学生の弟にチップで買った運動クツを送ってやるやさしい姉さんだし、いつも「おばさんタバコ一本貸して」とねだりにくるKちゃんはまた、病気で寝ているわたしの主人にと、花をたくしてくれる気のいい子だ。

きょうも開店前のひととき、「おばさん、わたしが結ったげよう」と、髪を直しているわたしをつかまえて、年に不似合なアップに結い上げてくれたのは一番年長のTちゃん。この人は戦争未亡人だ。どこか寂しそうな感じだが、それだけに落ち着いてもいる。

こうして、お客にとってはウソとこびでチップをかせぐ彼女たちも、同じ働くもの同士ではクロウトなどという呼び方がおかしいほど、素直で女らしいふん囲気をもっているのだ。

1959（昭和34年）年5月20日

じゃがいも物語

平田タメノ　無職・69歳　福岡県三井郡

さわやかな初夏の夕風にそよ吹かれながら、ひとり、庭のじゃがいもを掘っていると、自然にわたしたち一家のじゃがいも物語がつぎつぎと胸に浮かび、まぶたが熱くなってくる。

わたしたちが着たきりスズメのあわれな姿で、命からがら朝鮮半島から引き揚げてきたのは、終戦の翌年の三月だった。焼け野が原と化した祖国は、想像以上に深刻な食糧難。飢えに泣く幼い孫たちを見かねた私が、これだけはともち帰ったきんしゃの羽織を、じゃがいも三[※46]貫と交換したのもそのころだった。

出征中右足に負傷した長男が、朝食にトマト二つを食べ、一里の道を足をひきひき勤めに出てえた月給で、やっと一俵のじゃがいもが買えたと、家内一同大喜びしたのもあのころだった。

そしてまた末っ子の次男は、はるか異国の空、シベリヤ[※47]のキャンプに収容されていた。次男ははげしい空腹にたえられず、夜キャンプの外にじゃがいも掘りにゆき、その帰りがけ、不幸にも衛兵に発見されて、二発の銃弾を胸に受け、命を的にして掘ったいもを流れ出る血潮で真紅に染めながら死んでいったのでした。

次男の死体を埋めた帰還戦友から、この話をきいたとき、わたしのはらわたは千々に断ち切られる思いでした。

毎年、わたしはじゃがいもを植える。わたしたち一家にとっては、尊い生命のかてであるじゃがいもの恵みを、永久に忘れないために。そしてわたしは、十数年前のあの苦しみと悲しみとが、二度とこの世におこらないよう、神に祈ってやみません。

1959（昭和34年）年7月10日

十年目の新婚旅行

山田妙子　主婦・32歳　若松市

ことしの楽しみ。それは新婚旅行なんです。

いまごろ新婚旅行なんてとお笑いになるかもしれません。そうです、もう結婚して十年、コブが二つできて世帯じみた主婦なんですが、それでも約束の新婚旅行が果たせるかと思うと、新婚当時の浮き浮きした気持ちになるんです。

——終戦で引き揚げて裸一貫の二人が結ばれたのは、ちょうど十年前のこと。結納金ももらわなかったかわり、わたしも裸一貫、タンスも鏡台もなしにお嫁入りしました。両親と兄弟だけでスキヤキをつついての結婚式。酒の五合と、あとはしょうちゅうの宴会。だから、新婚旅行どころか、結婚の翌日はもう夫は兵隊グツをはいて勤めに出て行きました。家も古い倉庫の二階の間借りで、雨が降ればバケツのお世話になったり、便所も水道も遠くて不自由な貧しい生活に追われながらも、新婚旅行だけはと夢みていたのです。

くる年もくる年も、そんな余裕をあたえてくれませんでした。ところが引[※48]き揚げ給付金の支給が三年前からはじまりました。まったく当てにしなかったお金。これだけは使わずに宿望の旅行にと積み立て、ことしで二万円になります。念願の新婚旅行が、こうしてはからずも具体化しました。

たったそれっぽちのお金といわれるかもしれませんが、それでいいんです。三[※49]等車で木[※50]賃宿の旅で結構です。わたしの胸は何回も夢にみた新婚旅行でいっぱいなんです。いまさら花嫁ではないけれども、心だけは楽しかった花嫁時代にかえって、夫に甘えてみたいと楽しみにしております。

1960（昭和35年）年1月1日

おはぎ

北村貞子　主婦　福岡市

アズキのいただき物があったので、おはぎを作ることにした。火ばちの上でグツグツと煮えるアズキをまぜながら、わたしは遠い日の思い出にふけっていると、まぶたが熱くなってまいります。

第二次大戦もたけなわのころでした、次男に教育召集[※51]の令状がきたのは。人一倍陽気な次男は、驚きと悲しみで動てんするわたしに、「なあに、教育召集だから心配することないよ」とかえって慰めるようにいうのでした。

いよいよあすが出発という日、物資不足で砂糖などはめったに手に入らない貴重品というころでしたけれど、おはぎの好きな次男のためにあちこちと走り回って、やっとアズキと砂糖を手に入れておはぎを作ったのです。「うまい、うまい」を連発しておはぎをパクつく次男に「からだに気をつけるのよ」だけしかいえず、あとは不吉な予感が胸を襲い、泣きだしそうになるのをじっとがまんしていました。

戦争の激化とともに、教育召集の期間も終わらぬうちに、次男はわたしたちと最後の面会もできず、南方にやられてしまったのです。それから数年して終戦となり、南方からの帰国船が着くたびに、わたしはイソイソとおはぎを胸にかかえてかけつけるのでしたが、むなしくまたおはぎをかかえて帰るのが常でした。

わらをもつかむ気持ちで、次男の消息を知っているという方を広島までたずねて行きますと、次男は特攻隊員[※52]に志願して戦死したとか。さらにその方が、「急に日本をたつことになった日、K君の好きなおはぎが出たんですが、さすがにあのときはのどを通らないようでした」といわれたときは、張りつめていた気も抜けてしまって、激しく泣き伏したのでした……。

でき上がったおはぎを仏壇の桃の花陰にそっと置いて、線香をたいているわたしに、次男の写真が明るく笑いかけていました。

1960（昭和35年）年4月12日

ミシン

田崎ゆき枝　主婦・47歳　熊本県菊陽村

萌黄（もえぎ）色のカキの葉が、西よりの風にさそわれて静かに小波のように動いている。ひる下がり、踏む足を休めて、油をさした。三十年間わたしとともにすごしたミシンである。○○会社のセールスマンが再三おとずれては、「新型と取り替えませんか」としきりにすすめる。いかにも親切で説明がじょうずである。娘たちが家にいたころは取り替え論が出て、「古きは捨てて新しきを尊べ」なんて強く主張して、取り替え論が盛んだったが、末っ子一人になったいまのわが家では、その話も消えて、ホッと安ど感にひたるこのごろである。

主人が出征中八年間、長い夏の日、終日たんぼにはい回り、夜はこのミシンで作業衣のほころびをつくろい、冬はかじかんだ手をふところ手をして暖めては、オムツを縫い、農家の休日には戦地に送る慰問袋[※53]を作り、三人のこどもが小学校に上がると、物資不足で身のまわりの品全部、このミシンで更生した物ばかりで入学させた。

思い出の数々を秘めて、ミシンは黙って縁側に、昔のままの姿で故障一つない。終戦児[※54]の末っ子がたまにゾウキンをさすとき、ガッチャンガッチャンと奇妙なリズムが入るけれど、油を注ぐとすぐにもとどおり、軽やかな響きにもどる。

夫の留守中、銃後[※55]を守ってくれたのも、わたしが拾った喜びも、涙でくれた悲しみも、笑顔でごまかす苦しさも、泣いていさめた切なさも、みんなみんな、だれも知らないわたしの心の中を、このミシンだけは知っているのです。わが家の骨とう品が語るオンボロ女房の歴史。取り替えたくない大きな理由はそこにある。古い道具の中から新しさを生み出したい希望の夢は、家中にひろがっていく。

1960(昭和35年)年4月23日

ふたごのひい孫と孫

平田タメノ　無職・71歳　福岡県三井郡

老いさき短いわたしに、先月初ひい孫が二人生まれた。長女の長女が初産に、男のふたごを見事安産したからである。二人ともスクスクと太り、空腹を感じると、十五分ちがいの長男、次男は負けず劣らずたくましい泣き声をあげ、母乳だけでは足らず、牛乳を小さなほおをふくらませてチュウチュウ吸うている。はじめて父親となった銀行員の孫ムコが、「安月給では養いきれんばい。末が思いやられる」と、頭をかいては皆を笑わす。

無心に乳をのむ、ウリ二つの小さなふたごを見詰めていると、遠い十六年前の悲しいふたごの孫たちのことが思い出され、自然に涙ぐんでくる。次女のムコがビルマのインパール[※56]作戦で戦死したのは、昭和十九年四月のこと。夫の死に、狂ったごとく連日連夜泣き悲しんだ身重の次女が、初産に男のふたごを生んだのは六月だった。非常な難産で、そのうえに豆カス配給の窮迫した食糧難のため、栄養も悪く、ついに出産後六日目、母子三人さびしくこの世を去っていった。

ふたごには名前もつけていなかったので、無名男兄弟の墓と墓標に書き、次女夫婦の側に葬り、周囲には次女が生前こよなく愛したバラの花をたくさん植えてあげた。

その翌年、終戦の年六月、お墓参りしたとき、真紅のバラの花がふくいくとして一面に咲きにおっていた。内地[※57]に引き揚げて早や十五年、ことしもまたいまごろは、なつかしい朝鮮[※58]大田府郊外の錦江河畔にあるあのお墓には、悲運な親子四人を慰めるかのように、わたしの植えたバラの花が美しく咲き競っていることでしょう。

1960（昭和35年）年6月24日

ライスカレー

田辺早苗　主婦・51歳　佐賀市

ライスカレーとナッパづけとは妙なとり合わせだが、ともにわたしの家では誰もが大好きな食品である。

このごろ日本中でライスカレーが幅をきかせている。それは池[※59]田さんが首相に就任されたとき、「ライスカレーでもいっしょにつつきながら何でも話し合おう」といわれていらいのことだそうだが、わたしの家のは麦めしもライスカレーもともにはえぬきで、池田さんのおしきせでないところがミソ。もともと貧乏とは生来の仲よしだが、一時は貧乏と疎遠になりかけた時代もあるにはあったけれども、それも終戦のかけ声とともにまたこれに逆戻り。でも家の中はカラリとしていて、ただときどきしゅう雨がくるぐらいのもの。むしろこれは生きていくための必需品。

そうそう、きのうはわたしどもの二十九回目の結婚記念日だったが、別にぎょうぎょうしいことなどはなく、それこそライスカレーをつつきながら、越し方、行く末のことに花が咲いた。食事中こどもに、「かあさんのライスカレーは日本一だね」とたきつけられ、「このナッパづけは色香ともに天下の絶品さ」とあふれるにおよんでは、もう感激でぼーっとするばかり。

だけど何がうれしいといって、主婦にとって家族全員が健康な顔を並べて手料理にシタつづみを打ってくれることほど、うれしいことがまたとあるだろうか。わたしはこれからもライスカレーをつくり、ナッパづけをことこときざむことに明けくれするだろうが、ピリッとからいカレーの味で、流転の激しかったこれまでの旅路を思い、せめて人生の終末だけはこのお菜づけのようにおだやかでありたいなと願ったことだった。

1960（昭和35年）年8月29日

祖父のヒゲソリ

田中さつき　看護婦・25歳　福岡市

わたしの祖父は日露戦争の勇士だった。しかし、その代償に目を失ったのは致命傷だった。不自由というより、明暗がかすかに判別できるくらいだから全盲だ。でも、そのためのグチはかつて聞いたことがない。

その祖父は、「おじいさん、目が不自由でお困りでしょう」と同情でもしようものなら、途端に機嫌を損じる。身のまわりのことは一応つつがなくできるし、たまには大工仕事をし、無数のかすり傷をつくっては手当てに余念がない。

わたしもそろそろ適齢期をすぎつつあるので、結婚のことをとても心配してくれて、どこからともなく話を持ってきてくれるが、その解説がふるっている。「背が高くて色は浅黒く、それに鼻すじも通ってなかなかハンサムだよ」。写真をみると、とんだ見当違いでおかしくてならない。「おじいさんを青年にしたらいつでも結婚するけど」というと、「としよりをからかう」と一応は怒るが、まんざらでもなさそうに相好をくずす。

このおじいさんに、とってもかわいいクセがある。たまにわたしが帰省すると、すぐに妹が本家にいるおじいさんを、「ねえちゃんが帰ってきたよ」と大声でよぶ。するとすぐ安全かみそりご持参で、「いっちょうたのみますばい」と有無をいわせず、わたしのヒザを枕に横になる。わたしはおもむろに、床屋さんに早変わりするわけだ。ひげをそりながら間断なく世間話をするので、あぶなくてしようがない。一、二時間はたっぷり必要だ。もみあげは短くとか、眉は太くとか、なかなか注文がうるさい。終わったときもわたしはしびれて立てないのが常だ。

聞けば、これと浪曲を聞くのが楽しみという。わたしも待ってくれている人がいると思うと、帰省が待ち遠しい。そして医学が進歩して、もう一度、成長したわたしを手ざわりでなく見てほしい。色は白いが鼻すじが通って、背も高い、とってもハンサムなわたしのただ一人の祖父、いつまでもおしあわせにね。

1960(昭和35年)年10月2日

〝がめついヤツ〟

安松トシ子　未亡人・39歳　大分県東国東郡

わたしはいろんな人の車に便乗さしていただき、ときどき別府へ商品の仕入れに出かける。

きょうも学校が休みなので、高校生のこどもに、「つごうのいい車があったので、仕入れにいくから店番たのむよ」というと、「またただ乗りか、がめついね母ちゃんは」とこどもはいう。また先日、昼ごろいとこが遊びにきて、「昼食終わったの」と聞く。「わたしはもう何年間も昼食ぬきの二食なの」と答えると、「相変わらずがめつい守銭奴(ど)だなあ」との批評。

わたしは二十三歳で乳児をかかえ、戦争未亡人となった。当時はなにをしようにも資本がなく、とにかく一万円貯金を目標にせっせと働いた。そのうちに恩給[※60]もいただくようになり、小さな家を建て、三千円ぐらいの資本からダ菓子屋をはじめ、どうにか母子二人食べていけるようになった。

学校に上がったこどもはおかげさまで、学級委員長にときどき選ばれたりしたので、そのころからなんとかして大学に進めたいと考え、そのため、わたしのがめつさはいっそう強くなった。

流行のウールの着物など、わたしにとってはタカネの花。バケネコみたいなはげちょろの着物を今日も着ている。でも、わたしなりにけっこう楽しい。人に笑われ、そしられながら、わたしのがめつさはあと四、五年はつづくだろう。

1960(昭和35年)年11月20日

こどもとわたし

遠山景子　主婦・32歳　大牟田市

日曜日ともなれば、わが家もいきおい活気づいてくる。きょうもお昼のあと、三年生の長男がテレビを見ながら話を切り出した。

「お母さん、日本はいま、飛行機はなん台持ってる？　ジェット機は？」

と聞き、幼稚園の二男は、「日本はアメリカより小さいから、少しでよかつよね」という。やっと二年四カ月の三男まで、「日本ってなにね？」と聞くし、男の子三人の話題はだんだんおもしろくなる。

「しゃんむり戦争ばせんとできんとかね。

おとなはなぜ戦争すっとかね」

「いまからは戦争なんてしないよ、
あんたたちがおとうさんになってからも、
けっしてしてはいけないよ」

「でも向こうからしかけてきたら、どうする？」

だまって聞いていた二男が、

「ボクは大きくなったら、ちゃんと飛行機と戦車を作って持っとく」

つまり自衛隊の必要を感じてるな……とわたしは思う。

小さい子はそれなりに身を守る策をたて、おとなの考えを知りたがる。おつむの弱い母親は少々グロッキー。貫禄は見せたいが、そうはいかない。そんなとき〝名犬ラッシー〟[※61]で、あの知性あふれる愛情でこどもを導く母親の姿が胸にぐっとくる。

「ボクが大臣になったら、けっして欲ばらない。

楽して金持ちになろうとするから、
戦争になっとたいね」

と、長男は名言をはいた。

こどもの夢は大きい。考えることの善悪は別として分別がつくまで、わたしにいろいろと多く聞くだろう。わたしも勉強しておかねば。何も話しかけてくれないこどもにしてしまったら大変ですからね。

1960（昭和35年）年12月18日

ある農家の庭さきで

松尾テイ　隠居・68歳　長崎県愛野町

孫の坊やをつれて墓参の帰途、旧道からさらにたんぼ道に入った。うららかな春びよりである。小川のせせらぎのとび石を渡ると、南をうけた農家集落が並んでいる。そのとっつきの農家の庭の前で、わたくしは足をとめた。庭のまん中に白と黒のまだらのかわいい子牛を見たからである。子牛もじっとわたくしを見つめている。するとと納屋の方から女の人が出てきておじぎをした。

（この人は？……）とわたくしが考えているとき、その人はかすかに笑いかけ、「あの、お宅のC子さまと同級でござした」と言う。「そうそうそげんでした」と、わたくしもつい笑ってしまう。死んだ長女の友だちと言えばやはりなつかしく、わたくしは二、三歩庭に入る。大きな牛小屋に乳牛が二頭、その横には犬もつながれ、白いウサギの入っている箱も重ねてある。家の戸口に目を転ずると、ウグイスのカゴがかけてあり、ジュウシマツとヒバリも並んでいた。「まあまあ、いろいろな小鳥が」と、わたくしは目を見はる思いだ。高校なんか行きたがらないという長男が飼っているのだそうだ。

夫が三人の女の子を残して戦死したために、六つも年下の、その夫の弟にめあわされたのは、ついこのごろのことと聞いていたが、もうその人との間に五人の男の子がいるという。もともときりょうよしなのだが、何かとても若若しい感じだ。きっとうまくいっているのだと思った。庭さきを辞するとき、その人が、「とうちゃん」と畑にいる夫を呼んだ。習慣といえばそれまでだが、わたくしはその「とうちゃん」という呼び声にも、姉さん女房にこだわらない一つのしあわせを感じたのである。

1961（昭和36年）年3月12日

グリンピース

島崎てる子　主婦・33歳　福岡市

ごく親しいご近所の奥さんから、おいしいグリンピースの含め煮をいただきました。舌にしみる上品な風味は、そのまま幼いころからの母への思いにつながってゆきます。

ほんとうにピースを好み、いとしんだ母でした。いまごろの季節になると、近郊の農家から売りにくるのをどっさり買いこみ、せっせとさやをむいては広いざるにひろげて、お庭で何日かかって干しあげ、大きなあきかんにつめて一年ぶんのピースをたくわえていたものです。おりにふれ、母の煮たやわらかいピースは勉強机にのせられたり、お客さまのお茶にもそえられたりして、わが家の名物みたいな楽しいおやつでした。

戦争がはげしくなるにつれ、野菜も思うように手に入らなくなると、母の着物の何枚かは大きなリュック一ぱいのピースに化けて、なんどか母のもとに運ばれてきました。もちろんサトウもとぼしく、黒いイモの粉の中にいっしょにこねてこしらえた、ひなびたおだんごの味わいが、いまはなつかしく思い出されます。

終戦後、茶の湯のけいこに通ったころ、お茶菓子などない時代なので、順番に家庭でこしらえてゆくことになっていました。わたしの番になると、母はとっておきのサトウを加え、とろけるようにおいしいピースのあんこをねり、二口くらいに食べられるおまんじゅうを蒸して、たくさん、持たしてくれました。菓子ざらにこんもりと盛られたかわいいおまんじゅうに、温かい母の愛情を胸いっぱいに感じながら、しあわせそのものであったわたし……。そろそろ店頭からピースの姿も消えゆくこのごろ、ひとしおふるさとの母のことがしのばれます。

1961（昭和36年）年6月13日

しあわせ

小泉乃理　無職・21歳　福岡県朝倉郡

ふとした思いつきで、高校生から借りた国語の教科書を手にして、その美しさ、みごとさに驚いてしまった。まるで何何全集という書物のように製本され、第一ページには某画伯の有名な富士山の絵さえ織り込まれている。上質なページ一枚一枚をめくりながら、わたしは、わたしたちが小学校に入学したときのことを思い出さずにはいられなかった。

終戦の翌年。焼け野に草の芽の出はじめた昭和二十一年。ザラ紙に、あさひ、あさひという文字がやっと読めるくらいのガリ版[※62]ずりの教科書。書きそこねてもけっして消すことのできない、ちり紙のようなうすい、くろい紙。サツマイモが昼食とされ、カーキ色の軍服のそでをいくつもいくつもおりまげて着て、それでも一年生という喜びをかくしおおえなかったあのころ。救急袋の[※63]ズックの袋がカバンにされ、いつもはだしで通っていた毎日。あれからもう十年の月日が一気にすぎ去ってしまった。あのころ、いまのこの生活をだれが想像することができただろうか。

　いまのわたしたち、それにこどもたちは、たしかにあのころの食うや食わずの生活から考えれば、しあわせな毎日ではある。だが――、苦しかった、つらかったあのころの思いを知らないこのこどもたちが、ふたたびあのようなあやまちをくりかえしはしないだろうか。おとなのわれわれでさえも、もう薄れかかっている記憶を、わたしはけっしてこころよいものとは思わないのだけれど、現在のこのありさまにも、平穏な日々のなかに生きて、決して忘れてはならないのではないかと思うのである。わたしは教科書の華麗さから遠く離れた気持ちで、知らず知らずのうちにページをめくっていた。

1961（昭和36年）年7月12日

古いなべ

松島京子　会社員・24歳　福岡市

うちの台所のすみに、古い、大きな、破れたなべがあります。
先日妹が、くず屋さんに売ろうとしていました。
わたしは、あわててとめました。
このなべは売りたくない、そんな気がしたのです。

——昭和十三年。
そのころ、母は官吏だった父と
満州の牡丹江[※64]というところで結婚した。
物資不足の時代で
結婚証明書とひきかえに特配された

そのなべの配給を受けるために、
母は雪の中を三キロも歩いた。
それでもうれしかった。
なべひとつでも金では買えない時代だった。
それからそのなべは、
なべであると同時にかまにもなり、
湯わかしにもなった。
わたしが生まれたとき、父はむこうハチマキで、
このなべに五はいの湯をわかした。
終戦になり、引き揚げのときも、
母は、このなべだけは離さなかった。

内地に落ち着いてからも当分は、
このなべひとつで、ヤミ米[※65]と配給いもを煮て、
一家の生活をささえた。
そして十幾年。
おかげで、いまは炊事場には
電気器具がはばをきかすようになったが——

母はある日、そのなべをなでながら、
こんな話をしてくれました。
その母も、先年病死しました。

若かった母は、このなべの配給を受けたとき、
新しい人生に胸をはずませたにちがいありません。
そして母は、このなべと女の人生をともにしてきたのです。
このなべには、
母の人生がきざまれているような気がするのです。
夕飯のとき、この話をしたら、
近ごろめっきりふけた父は、目をうるませた。
それからひとしきり父の昔話がはじまりました。
そんな父に、わたしは晩しゃくを、もう一本はずんでやるために、
台所にいって、
その古なべに、そっと、

「おかあさん」と呼びかけました。

1962（昭和37年）年7月24日

竹やりの先の出刃包丁

楠田英子　熊本市

夏の陽光がかんかんと照りつけるこのごろ、青い空に入道雲を見上げると、終戦の日の思い出がまざまざと浮かんでくる。昭和二十年八月十五日、わたしは学校に勤務していた。陛下の放送をきくなんて、こんなことははじめてのこと。うやうやしくきいたのをおぼえている。

わたしはいちどに虚脱状態になって、倒れるようにいすに腰をかけた。戦争はすんだし、爆音のない空の静けさ。青さ。待避しないですむからだは、まるでしまりがない。なんのためのいままでの努力だったか、水ほうに帰した落胆はいきどおりに変わった。役場に山とつまれた古い弁当箱。古い金物、わたしの弁当箱もあの中にあるだろう。正直にカヤ[※66]のつり手もだした。

かんかん照りつける中を家に急ぐ。家の入り口にいつものように、下宿のおばさんが竹やりの先に古い出刃包丁をかたくひもでむすびつけて、たてかけてあった。急におかしさがこみあげてきた。わたしはにやにやしながらながめた。毎日みていた竹やりであったが、こっけいなものに見えたのは、その終戦の日、八月十五日だ。

落胆、安ど、いきどおり、そしておかしさ……さまざまな心の変化のあった八月十五日。あれから十七年になる。終戦記念日を迎えるころになると、この竹やりの先の出刃包丁がはっきり目に浮かんでくる。そしていまわたしは、静かに〝生きていた喜び〟

を感謝するとともに、前途有為な若人のたくさんの命が絶たれていった無念さを新たにし、平和への祈りを静かにささげるのである。

1962（昭和37年）年8月14日

娘とともに

細川あき子　主婦・38歳　佐賀県多久市

高校一年の娘を学校に送り出したあと、玄関の乱れたはきものをそろえる。大小二足の赤いサンダルが並んでいる。大きいのが娘、小さいのがわたしのものである。ほんとうに大きくなった。こうして並んだサンダルにも感無量である。

戦争で病をえて帰還したものの、いくばくもなく死んでしまった夫だから、その初命日に生まれた娘は父親の顔も知らなければ、その愛ぶももちろん受けたことがない。わたしはずっとからだが弱かったし、ずいぶん苦しいことばかり続いたが、そんな陰影はみじんもなく、娘はすくすくと朗らかに十五年の年月をきざんできた。

身長はわたしより十センチメートル高く、体重も十キログラムは重いのだ。両手のひらにのっていた子がよくも育ったものだと思う。

ときどきムリな無心をわたしにして、成功すると、「かわいい親」などといってわたしの頭をさすってくれる。ショートパンツの両足を無造作に投げ出して食事をしたりするので、「たしなみがない」とこごとをいうと、「いったいたしなみってなに？」とひらきなおり、こちらがヘキエキするほど根掘り葉掘りの質問攻めである。そして、「女なんてことにあまりこだわりすぎるのよ……」と逆襲される。

友だちか姉妹のように、肩を組んで夜道を歌いながら歩くとき、わたしは心から満足である。息のつまるほどの貧しさの中で、のびのびとくったくのない娘の成長は、なによりもわたしを豊かにうるおしてくれるからである。

1962（昭和37年）年11月12日

投稿を読んで

村中李衣（児童文学作家）

鳥目…11P

戦争の記憶が恐怖となって追いかけてくる夜をいくつも越えて、なお「至って幸福に暮らしています」と語る筆者。平穏とは、なにもないということではないのですね。

夫の遺影に…15P

自白、正座、実証、白状…選ばれる言葉の硬さに垣間見える、しっかり育てねばという親としての気負い。でもそれは、息子の「母ちゃんがひどくぶつから」という素朴なつぶやきで崩れてしまうほど悲しくもろい。

模型飛行機…19P

玩具の飛行機で遊ぶ弟の無邪気な姿から、新しい時代の不穏な気配を読み取る筆者。兄を理不尽に奪われた悲しみの経験が、時代に対する感覚を鋭くさせるのでしょう。

イースターの卵…23P

戦争が人間にもたらす傲慢や卑屈やとげとげしさを向こうに、幼い子どもたちは、言葉は通じずとも心を添わせることができる。その自由さを筆者は「友情」と呼び、「基地の子」として育っていくわが子らのこれからを、祈りと共に見守っています。

女というもの…27Ｐ

心躍る旅先で出会った傷痍軍人の姿に「なんとなく気分が重く」なってしまう自分と、「前の戦争の後始末も十分にできていないのに」と、かりそめの平和に逃げ込む危うさを戒める自分と。その両方の揺れ幅を隠すことなく「女というもの」の正体として見つめておられます。書くことには、一方に流されることを押しとどめる力もあるのです。

お手玉…31Ｐ

筆者は、軍国主義鼓舞の時代を「昔、昔」と呼び、そこから20年を経た昭和29年を「変わり果てたいまの世」と呼ぶ。そして「自衛隊はできたかもしれないが戦争は嫌だ」と言い切る。筆者が願った「新しい日本の子供たち」は、平成28年の今この国をどうしようとしているのでしょうか…。

平和への願い…35Ｐ

男たちの血の中に潜む無邪気な殺戮衝動に慄然とするところから、女性だからこそできる平和へ向けた営みに思い至る筆者。その精神のバネとしなやかな知性に脱帽です。

帰国者…39Ｐ

ラジオから聞こえてきた帰還少年の声のくぐもり。そこに戦争がもたらした親子の悲劇を感じ取る筆者の感性。親子なのに演出された「対面」の只中に立たされることもまた、悲劇の延長にあります。そしてこのさらに先、現在に至るまで、拉致問題を始めとする戦禍は続いています。

愛国心…43Ｐ

出だしを読むと「え？これいつの話？」と思わず掲載された日付を確かめたくなります。「過去の愛国心は〜国民感情の麻酔剤」というきっぱりした物言いに、心底しびれました。

入道雲…47Ｐ

「いたましい空中ページェント」。片仮名書きの「ページェント」という言葉に胸を衝かれます。本来は、歴史的な場面を舞台で見せる野外劇や祝祭日などに行われる、晴れがましい仮装行列を指すこの言葉。ここでは、東京空襲時にＢ29めがけて突撃する日本の戦闘機の姿と、その背後にあった美しい入道雲の様を伝えています。言葉がもたらす違和感が、当時の戦争美学を強烈に問い直す、自らに向けた切っ先のように光ります。

父の絵…51Ｐ

父親が家の前に腰を下ろし、終戦の夏にカチカチの絵の具で描いた荒寥（こうりょう）たる風景。手入れする人のない草だらけの土地や伸び放題のカボチャの蔓（つる）が、読み手の心をざわつかせるほど鮮やかに浮かび上がります。絵を部屋の壁から下ろし額を洗うその手からは、戦争忌避の強い思いが伝わってきます。ガラスをつたう水の冷たさと共に。

教科書…55Ｐ

「子供に一番大事な教科書」という認識を、わが子のふとしたふるまいで得る。学ぶことは、生きる権利を誰もが手放さぬ力に繋がっていくのだと改めて気づかされました。教科書は、決して上から下へと教え込むツールではないのですよね。

私の計画…59Ｐ

自身の楽しみのためでなく、わが子の将来のために貯蓄する。その「将来」の算段に、「また戦争にでもなったら」を入れるわけにはいかないという、毅然とした意思が文章を引き締めます。貧しき者のささやかなよろこびに繋がるのは、ひたすらに平和の道を歩むこと…これが個人の計画だけでなく国家の計画の根幹ともなりますように。

うちわ…63Ｐ

店からもらううちわの数を生活の潤いの証とし、その数が増えていくことを喜び合う母娘。そのささやかな幸福のありように、努めてわが家を築いていくことの大切さを教えてもらいました。

酒と父…67Ｐ

ありし日の父親を語ることで、当時は気づかなかった父の深い悲しみや苦悩に思い至ります。そして同時に、いつも父の傍らに、愛されている自分がいたことをも。

Fおばさん…71Ｐ

戦後の混乱期を、「朗らかに笑い飛ばす戦い」と見定め、性格も一変、覚悟して渡り切ろうとしている女性が、くっきりと浮かんできます。苦労なしの明るさとは光源が違います。

タマゴのじいさん…75Ｐ

何があっても同じ値段で卵を売ることには、西南戦争から5回も戦争を経験したおじいさんの人生哲学があったのですね。時代に翻弄されず命をゆるやかに全うすることが、おじいさんの決めた余生なのでしょう。

やりくり…79Ｐ

「やりくりで眠れぬ夜」を「やりくって笑いにまぎらす」とは、なんとしなやかな強さでしょう。それは自身の窮乏体験から「冷たい世間にならない決心」をした筆者の誇り高さにも繋がっています。

ヨウカン…83Ｐ

挺身隊の仕事帰りにおすそわけでもらった、ひと切れのヨウカン。それを真っ先に母の手に握らせ、宝物のように家族で分け合った思い出。

それが終戦から11年後の昭和31年ですでに、「子供たちに～ピンと来ない」ようになっていたのですね。時代の生々しい感情も、過ぎれば感傷と呼び名を変えられ、思い出の中で動かなくなる。表現することは、その箱を揺すって、読者にそっと音を聴かせる行為でもあります。

クリスマス…87Ｐ

神の道を歩もうと希望を抱いていた青年が、人間同士の傷つけ合いの中に立たされた苦しさ。それを十余年の月日を経て、「〝日本男子〟であることが、どんなに情けなかったことだろうか」と、筆者は戦死した青年に代わって言い切ります。聖夜に灯る真実の光が二度と権力によって揺らぐことのなきように。

墓標…97Ｐ

敗戦のツケを回されていると被害者ぶって「反抗と享楽に明け暮れている」自分たちの世代と、「血なまぐさい青春を迎え、南海に散っていった」戦死者たち。過去を生きた人生の先輩としてでなく、同じ20代の命を持った者として死者の魂と向き合い、「本当の被害者は？」と自分に問いかける。この厳しい問いかけは、投稿後もきっと続いているはずです。

私たちに向けて。

初月給…101Ｐ

17歳の少女が、苦労続きの両親に初月給を手渡す。それは、感心な心がけというよりも、ささやかなねぎらいができる喜びに満ちています。ありがとうを届けられる幸せは、物質に勝るもの。

わが家の茶わん…105Ｐ

日曜日の朝、クレンザーで茶碗を磨く。この清潔な書き出しは、ありふれた日常をきりりと生きるために目立たぬ努力がいることを教えてくれます。ありふれたとは「有り触れた」つまり、手触りのある生き方のこと。筆者は中学生でありながら、生活実感をもって無償配給の茶碗にまで丁寧なまなざしを注ぎます。家族の精神の気高さが読むものに届きます。

平和への悲願…109P

太平洋戦争開始の朝より17年の間、筆者の平和を希求する祈りは、途絶えることなく続いています。小石一個に姿を変えた白木の箱の中の愛息を深く胸に抱いたまま…。「ひとしく神の子」であると人間を捉える筆者の「悲願」という言葉から、いつの日か「悲」の文字が消えますように。

甘酒…113P

戦時中病床にあった母に、わずかばかりの甘酒さえも口に含ませてやることができなかった口惜しさ。思い出される最期のことばが「甘酒」であったことを筆者は悔いておられますが、甘やかな家族の団欒（だんらん）の時を思い出してのお母様のひとことであったのではないかと、できることなら当時に戻って言って差し上げたい。

息子の食欲…117P

敗戦直後の「毎日が、食べることへの戦い」の日々。成長した息子たちの旺盛な食欲を充たすために働く日々。そしてやがて新家庭を築いたわが子たちが歩むであろう日々。いつもそこに、「一家そろって、麦の入ったご飯でも、腹一ぱい」の食卓があることが、筆者にとっての幸福なのだと、はっきり伝わってきます。

派出婦日記…121P

キャバレーの炊事洗濯を引き受けている筆者の目に映る女給さんたちの姿。「夜は毒毒しいほどの化粧」「朝はお寝坊女学生」とその姿を率直に描きながらも、母親のようなまなざしで、ひとりひとりが背負う負の歴史を見つめねぎらう。その根底には時代の不幸に飲み込まれまいとする「同じ働くもの同士」の強い共感があります。

じゃがいも物語…125P

引き揚げ後、飢えに泣く孫たちのために金紗の羽織と交換したじゃがいも。傷痍軍人の長男が初月給で買ってきてくれた1俵のじゃがいも。シベリア抑留中の次男が命と引き換えに掘り起こしたじゃがいも。ひとつずつのエピソードにこめられた、生きることの重さ。

それを過去の思い出に葬らず、「毎年、わたしはじゃがいもを植える」と綴る筆者の、生活者としての覚悟と祈りが浮かび上がってきます。

十年目の新婚旅行…129P

結婚の翌日から兵隊靴をはいて勤めに出た夫と、10年目に果たそうとしている念願の新婚旅行。その華やぎが文章からあふれ出ています。貧しい生活の中で唯一夢見ていた新婚旅行が「はからずも」引き揚げ給付金の支給によって叶おうとしている。給付金の積み立て額を「たったそれっぽち」とあしらいながらも、そこから自身の夢のつばさを広げてみせる自由さにほれぼれします。

おはぎ…133P

南方で戦死となった次男を思うとき、もっと好物のおはぎを食べさせてやりたかった、おはぎも存分に食べさせてやれずに逝かせてしまったという無念が、何年たってもこみあげてくる。人が哀切の傍らに置くものは、かくもささやかであり、ささやかだからこそ誰にはばかることもない情愛をそこにこめることもできるのでしょう。

ミシン…137P

夫が出征していた8年間を共にし、戦後も家族の生活を下支えしてくれたミシンを同士とし、「取り替えたくない」と言い切る。思い出への固執でなく、「古い道具の中から新しさを生み出したい」と考えていることに、地に足をつけ時代を切り開こうとする筆者の意思と希望を感じます。

ふたごのひい孫と孫…141P

終戦の前の年に散った双子の孫のいのちと、生まれたばかりの双子のひい孫のいのち。その尊さに違いがあるわけもなく、彼らの前にはひとしく光に満ちた未来が開けているはずだったのにと、時代が幼きものたちから奪い取ったものの重さに愕然（がくぜん）とします。朝鮮半島の河畔に植えられたバラの花が、憤りや哀しみを消すことなく、静かに香り続けているであろうことを、読者である私の記憶の中にも残していかなければと思います。

ライスカレー…145P

「貧乏とは生来の仲よし」であり、「生きていくための必需品」とさらりと書いてみせる筆者は、当時、池田首相の発言から流行となっていたライスカレーのことも、「はえぬきで、池田さんのおしきせでないところがミソ」ときっぱり。流転の激しかった自身の半生を「ピリッとからいカレーの味」とし、この後の人生は「お菜づけのようにおだやか」でありたいと語る、生活人としてのしなやかさにほれぼれしました。

祖父のヒゲソリ…149P

看護の仕事をめざす25歳の女性が、帰省のたびに祖父の頭を膝に乗せ、たっぷり1～2時間も世間話をしながら髭（ひげ）をそる。終わった後は孫の足がしびれてしまうほどの時間が、日露戦争の勇士であった祖父にとってどれほど穏やかなひとときであることか。戦いで視力を失った祖父の肌に触れるものが、硬い金属でなく、人の命を救う仕事に従事する孫の手のぬくもりであることに心を温められます。

〝がめついヤツ〟…153P

23歳で戦争未亡人となり、女手一つで子どもを育てる筆者は、わが子を大学に進学させたいという目標を抱いて、実に堂々と自分の「がめつい人生宣言」をします。そして「でも、わたしなりにけっこう楽しい」とも言ってのけることができるのは、そのしたたかさの陰に、生き抜いていく自分の人生そのものへの信頼と希望があるからでしょう。

こどもとわたし…157P

小学生の長男、幼稚園に通う次男、そして2歳を過ぎたばかりの三男と、日々ドキリとするような問答を繰り返す。「おつむの弱い母親は少々グロッキー」と書いてありますが、「大きくなったら、ちゃんと飛行機と戦車を作って持っとく」という次男の言葉に「自衛隊の必要を感じてるな…」と勘付くことができ、大きくなっていく子どもと分別ある会話ができるよう、「わたしも勉強しておかねば」と考える、母親としての賢さに脱帽です。

ある農家の庭さきで…161P

若くして死んでしまった娘の代わりに、残された孫と墓参りに出かけ、その道で娘の同級生に出会う。その同級生もまた、夫の戦死という悲しみを乗り越え、新しい生活の中で懸命にささやかな幸福を築こうとしている。その気配を、「とうちゃん」という呼び声の中に感じ取れる慈しみの感性に、心が震えます。

グリンピース…165P

ご近所からのおすそ分けのグリンピースに、在りし日の母を思い出す。「どっさり買いこみ」

「一年ぶんのピース」「リュック一ぱいのピース」「とろけるようにおいしいピース」と、どの表現も母親の愛情で満たされた味がします。グリンピースの鮮やかな緑色とくるりとした小さな手触りが、家族の幸福の記憶として、読者の胸にほっこりと収まります。

しあわせ…169Ｐ

立派な装丁の現行教科書をめくりながら、終戦間もない時期の恵まれぬ小学生時代を思い出している筆者が、まだ21歳という若さであることにハッとさせられました。「あのころ、いまのこの生活をだれが想像することができただろうか」と綴る彼女は、さらに半世紀を過ぎた今のこの生活を、どこでどう眺めていることでしょう。

古いなべ…173Ｐ

戦中戦後とモノのない時代に、何にでも代用でき、一家の生活を支えた古い鍋を、人生の伴走者のように愛した母親。所有するモノの数は、経済的な豊かさを表わすけれど、モノの使われた数は、繋がりの豊かさやそこに行き交う情の深さを表わすのですね。もちろん、人を傷つける武器や凶器は別ですが。

竹やりの先の出刃包丁…179P

戦争の終わりとともに、緊張感を失ったしまりのない身体。紐で固く縛り付けられた竹やりの先の古い出刃包丁。洗脳から解かれたように物事の本質とようやく向き合えるようになったのですね。真剣な愚かしさを国民が揃って抱えていたことを「こっけい」としながらも、繰り返すことのない明日を希求する強い思いがうかがえます。

娘とともに…183P

大小二足のサンダル。大きい方が娘のものだという。夫の初命日の日に生まれた娘の明るい成長ぶりが、サンダルの赤色に象徴されています。それは、亡き夫への慈しみとともに育てあげた筆者にとって、ご褒美のようにまぶしい赤ですね。

ことばを生きた女性たち

国民にどんな服従を強いる民族国家でも押さえつけることができなかったのが、素朴な食欲、それも自分にではなく、愛する人の喉や心を潤してやりたいという食べることへの強い思いだったのではないでしょうか。カボチャ、羊羹（ようかん）、おはぎにピース豆…モノのない時代にあってなお、投稿の中にはなんと多くの食べ物が登場したことでしょう。女性たちが綴ることばの強さと慎ましさは、おひとりずつの人生の家計簿に刻まれ、今回手に取った私たち読者の前にそっと開かれているのです。時代に翻弄されながらも幸福に向かうためのやりくりをあきらめない、賢さを見る思いがします。

私の通う大学の玄関に河野進牧師の「どんな不幸を吸っても、はく息は感謝でありますように」ということばが掲げられています。紅皿に投稿した女性たちにとって「書くこと」とは、吸う息から吐く息までの心を整える営みだったのではないでしょうか。

もうひとつ、どうしてもここに記しておきたいことがあります。この本の若い女性編集者鴻池さんは、衝撃的な内容が書かれ、掲載をためらうような投稿に出合いました。その投稿者と話がしたいと、接触がかなうよう努められました。投稿されてから、50年、60年を経ていますから、ご存命である可能性は高くはありません。そんな中で、投稿者Uさんのご遺族と連絡がついたそうです。Uさんの投稿は昭和20年12月、母子4人で引き揚げの途中に最愛の長男「和男」を朝鮮半島北部の雪山に置き去りにしなければならなかった悔恨の思いを切々と綴ったものでした。ところが、ご遺族の話ではここに書いてある引き揚げの事実はそのままだが、「長男和男」はこの一家に存在していないというのです。投稿のために母は事実を歪曲したのかとご遺族との間に複雑で重い空気が流れたそうです。若い鴻池さんは、確認作業の持つこわさを実感したそうです。

でも、と私は思います。ここに実際のUさんの文章をお見せすることはできませんが、文章中何度も「和男」と固有名詞が綴られています。他の子どもと同じように「長男」とだけ記すこともできたのにです。もしかしたらUさんは、引き揚げ時の忘れがたい記憶の中で、わが家族の子どもたちだけでなく、共に「重い足を引きずり」歩いた430人の引き揚げ者の中にいたすべての子どもたちの母でもあったのではないか。「和男」はだから、架空の人物でなく、戦争によっていのちを奪われた幾千万の「和男」だったのではないか。選ばれた言葉ひとつひとつの奥に潜む「深い真実」と向き合う機会を、ひとつひとつの投稿がくれているのだと思い知るできごとでした。

42編を読み通した今、女性であることを男性と切り分けてみせるのでなく、「おいしいね」とうなずきあうこと、笑いあうこと、いのちの芽生えに目を細めること…そうした日々のささやかな営みに心を尽くせるしあわせの器として、女性である自分を引き受けていきたいなと思っています。

村中李衣（児童文学作家）

プロフィール

1958年生まれ。児童文学作家。ノートルダム清心女子大学教授。絵本や児童文学を創作する傍ら大学ではコミュニケーションの取り方を探る授業に取り組み、小児病棟や全国の小中学校、介護老人施設などでさまざまな世代の人と絵本の読みあいを行っている。主な著書としてエッセイの『こころのほつれ、なおし屋さん。』（クレヨンハウス）、『絵本の読みあいからみえてくるもの』（ぶどう社）など、児童文学創作の『よるのとしょかんだいぼうけん』（BL出版）、『チャーシューの月』（小峰書店・日本児童文学者協会賞受賞）など。

用語解説

鳥目…11Ｐ

※1 **復員**：戦争の終結後、軍人としての任務を解かれ、民間人に戻ること

※2 **塹壕**：野原で行われる戦闘において、銃撃から身を守るために掘られた溝

※3 **斥候**：敵の状況を偵察するための兵士

模型飛行機…19Ｐ

※4 **ヒバリ**：当時販売されていた模型飛行機の商品名

※5 **予科練**：海軍飛行予科練習生の略。航空兵になるための教育を受ける練習生のこと

※6 **七つボタン**：予科練などの制服。当時の子どもたちにとって憧れの的だった

※7 **ジェット**：ジェットエンジン（の飛行機）。プロペラに代わる技術として開発された

※8 **ミグ**：旧ソ連の代表的戦闘機。時代とともに新鋭機が開発された

イースターの卵…23Ｐ

※9 **基地の子**：アメリカ駐留軍基地付近に住む子ども。基地周辺ではジェット機の爆音が轟き、米兵相手の売春婦が増えるなど、子どもへの悪影響が心配されていた

女というもの…27Ｐ

※10 **白衣の方**：陸海軍病院の病院着である白衣を着た、負傷した軍人。敗戦後、街頭募金を生活の手段とする人もいた

※11 **「ここはお国を何百里」**：軍歌「戦友」の一節。仲間を戦場で失った悲哀を歌っている

※12 **再軍備**：一度は手放した軍備を持つこと。敗戦とともに軍備を放棄した日本だったが、1950年に勃発した朝鮮戦争を契機に再軍備に傾き、同年に警察予備隊が発足、保安隊を経て、1954年には自衛隊設立

お手玉…31P

※13 **談判破裂**：日露戦争のきっかけとなる交渉。両国のもくろみが異なり、交渉は決裂した

※14 **クロパトキン**：ロシアの将軍。日露戦争で極東方面軍総司令官として臨んだが、日本軍に大敗した

※15 **東郷大将**：日本の海軍大将・東郷平八郎のこと。日露戦争で采配を振るい、ロシア海軍の主力「バルチック艦隊」を破った

※16 **大山大将**：日本の陸軍大将・大山巌のこと。日露戦争では満州軍総司令官として、日本軍の勝利に寄与した

平和への願い…35P

※17 **幻灯**：フィルムに描いた風景画や写真に、強い光を当て、レンズを通してスクリーンに拡大して映す仕掛け。映画の流行まで、多くの人が上映を楽しんだ

※18 **箱根風雲録**：1952年製作の映画。江戸時代、幕府の妨害に遭いながらも、江戸の商人や地元農民が芦ノ湖から箱根へのかんがい用水を引く苦闘を描いている

※19 **汚職事件（造船疑獄）**：1954年に取りざたされた与党の自由党と造船業界を取り巻く贈収賄事件。捜査の手が内閣の要人に及ぶと、当時の犬養健法

務大臣が検察官に命令し（指揮権発動）、捜査を打ち切った。更なる真相究明のため、野党は吉田茂首相を喚問しようとしたが、与党の堤康次郎衆院議長が職権で退けた。真相をうやむやにしたまま、吉田首相は引退した

※20 **愛国心**…43Ｐ

赤紙：軍が国民を強制的に兵役に就かせるとき、その旨を通達した召集令状。赤色の紙だったことからそう呼ばれた

※21 **入道雲**…47Ｐ

Ｂ29：当時の米軍の主力爆撃機。日本各地に焼夷弾などを落とした

※22 **父の絵**…51Ｐ

イモ、カボチャ：１９４３年に食糧増産応急対策要綱が閣議決定され、空いた土地にイモやカボチャなどの作物を育てることが推奨された

※23 **ソヴィエト**：ソビエト社会主義共和国連邦。１９１７年のロシア革命後、世界最初の社会主義国としてロシアなどユーラシア大陸北部の国々が集まって成立した。戦後は資本主義国のアメリカと鋭く対立（冷戦）。１９９１年に崩壊した

※24 **八月十五日**：終戦記念日。日本はポツダム宣言を受諾し、太平洋戦争に敗北したことを、１９４５年のこの日、国民に伝えた

私の計画…59Ｐ

※25 **廃物利用**：捨てるものをまた利用すること。リ

ユース

※26 **繰り回し**：やりくりすること

うちわ…63Ｐ

※27 **空襲**：戦闘機、爆撃機から爆弾や焼夷弾などを落とし、地上にある建物や人々を攻撃すること

※28 **南方**：日本より南にある東アジアの国々や太平洋諸島のこと。戦時下、日本は多くの兵士や国民を送っていた

タマゴのじいさん…75Ｐ

※29 **西南の役**：１８７７年に西郷隆盛率いる旧薩摩士族が明治維新政府に対して起こした反乱。西南戦争ともいい、国内最後の内戦とされる

やりくり…79Ｐ

※30 **引き揚げ**：敗戦時、海外にいた多くの日本人が帰国したこと。元軍人や一般人など合わせて約６６０万人が祖国を目指したといわれる

ヨウカン…83Ｐ

※31 **挺身隊**：太平洋戦争中、若い女性を強制的に労働させるためにつくられた組織。女性たちは軍需工場などで働かされた

※32 **モンペ**：ズボンの一種。保温性に優れ、労働がしやすい作りで、戦争中は多くの女性が用いた

※33 **修身教育**：明治から第二次世界大戦まで、学校で実施された道徳科目のこと

クリスマス…87Ｐ

※34 **出征**：軍人として戦地に赴くこと

※35 **満州**：満州国のこと。日本が中国東北部を侵略し、1932年につくった国。独立という形を整えるため、中国清王朝の皇帝・溥儀を政府のトップとしたが、実際の政治は日本が主導した

墓標…97P

※36 **ビルマ**：ミャンマーの旧国名。日本軍は1942年、抵抗する中国を弱体化させるため、中国への物資ルートがあった英国植民地のビルマに侵攻した。しかし、食料補給の失敗などから多くの戦病死者を出した

※37 **太陽族**：小説「太陽の季節」にあこがれた1950年代後半の若者たちのこと。小説ではスポーツやセックスに明け暮れている裕福な男女が描かれている

※38 **ドライ**：感情ではなく合理的に割り切った様子。1950年代後半の流行語となった

わが家の茶わん…105P

※39 **配給**：物資を国が管理して一定量ずつ国民に分配する制度。1938年以降、食品や衣料品などが次々と配給制になっていった

甘酒…113P

※40 **防空ゴウ**：防空壕。空襲の被害から逃れるために、地面を掘って造った避難場所

※41 **配給米**：第二次世界大戦下の1941年から米穀配給制となり、国が農家から米を強制的に買い上げ、国民に分配していた。戦争の激化により、配給は滞ることが多かった

※42 **息子の食欲**…117P

時錦：1950年代に活躍した大相撲の力士。身長193センチの長身を買われ、時津風部屋にスカウトされた。福岡県新宮町出身

派出婦日記…121P

※43 **派出婦**：出張し、家事手伝いなどを行う女性

※44 **キャバレー**：舞台やダンスホールがある酒場

※45 **女給**：カフェやキャバレーなどで客の接待や給仕をする女性

じゃがいも物語…125P

※46 **貫**：古来の計量単位「尺貫法」に基づく単位。1貫＝3・75kg

※47 **シベリヤ**：シベリア。旧ソ連、ロシア連邦の一地方。敗戦後、多くの日本人がこの極寒の地に拘束され、働かされた。飢えと病気で多数が死亡した

十年目の新婚旅行…129P

※48 **引き揚げ給付金**：1957年に引揚者給付金等支給法が公布施行され、引き揚げ者やその遺族に給付金が支払われるようになった

※49 **三等車**：当時の国鉄客車の最下級車

※50 **木賃宿**：古くは食糧を持参し、薪代を払って泊まる宿。明治以降は安宿のことを指す

おはぎ…133P

※51 **教育召集**：現役の兵士が不足したときに、補充するために集められ、軍の活動について教育を受けること

※52 **特攻隊員**：日本陸海軍の決死部隊員。敵の戦艦や軍事拠点に向かって、戦闘機や魚雷ごと体当たり

攻撃を行った

※53 **ミシン**…137P

慰問袋：戦地にいる軍人などを慰めるために、日用品や手紙などを入れて送る袋

※54 **終戦児**：終戦後に生まれた子ども

※55 **銃後**：戦場に対して、国内の日々の暮らしを指す言葉

※56 **ふたごのひい孫と孫**…141P

インパール作戦：インパールはインドの東端にあり、ビルマ（現ミャンマー）との国境に接している都市。ビルマ防衛を目的に、日本軍は1944年3月〜7月にインパールがある地域の占領作戦を実施したが、作戦は破たん。その結果、戦死者約3万人、傷病者約4万人という犠牲を出した

※57 **内地**：戦時に新領土とした朝鮮・台湾などに対し、わが国固有の領土である日本列島を指す

※58 **朝鮮大田府**：朝鮮半島南西部の行政府（現韓国大田市）

※59 **ライスカレー**…145P

池田さん：池田勇人元首相のこと。1960〜64年に首相を務め、家庭の味の代表格であるライスカレーを好んで食べるなど、庶民派のイメージを打ち出した。所得倍増計画で有名

※60 **〝がめついヤツ〟**…153P

恩給：旧軍人やその遺族に国などが支給する一時金や年金

こどもとわたし…157P

※61 **名犬ラッシー**：当時放映された子ども向けテレビ番組。飼い主の少年と飼い犬「ラッシー」のきずなを描いた物語

しあわせ…169P

※62 **ガリ版**：鉄筆で原紙を「ガリガリ」と切る音からガリ版と呼ばれた簡易印刷機、あるいはそれで刷られた印刷物

※63 **ズック**：麻や綿で織った厚手の布

古いなべ…173P

※64 **牡丹江**：旧満州東部にある都市

※65 **ヤミ米**：政府の許可なく販売された米。第二次世界大戦下は政府が農家から米を買い上げて国民に分配する配給制だったが、配給は量も少なく滞りがちだったため、ヤミ米が横行した

竹やりの先の出刃包丁…179P

※66 **カヤ**：蚊帳。寝床への蚊の侵入を防ぐために天井からつりさげていた、細かい網目状の覆い

ごちそう帖（1）　——山本嘉次郎——

青いなべ　松島京子

紅皿

娯楽と趣味

くだけた歌が得意

三人姉妹の“ペニ・シスターズ”

仲よく歌う“ペニ・シスターズ”。左から長女　、三女　子、二女　子

ウエストミンスターで撮影の　さん

日本バレエ界も常設劇場がほしい

壮儀ノ空前の海洋長期ロケ

MGM 70ミリ映画「戦艦バウンティ号」の話題

本ものの船を建造

旋回砲など十二門も取り付ける

天候不順で台本四つを準備

ひょうたんなまず

24日

RKB毎日テレビ　KBCテレビ　KRY山口テレビ　NHK教育テレビ　NHK総合　NHK第1　NHK第2　RKB毎日

くらしのプランナー　正金相互銀行

熊本テレビ

タイトルの「紅皿」とは、口紅用の紅が塗られた小皿やちょこのこと。水を含ませた筆や指先で溶くと鮮やかな赤となり、頬や目元、爪を彩るのにも用いられました。「社会へ飛び出そう」との思いを象徴させたのかもしれません。

本書は、１９５４～63年にかけて、西日本新聞の女性投稿欄「紅皿」に掲載された原稿を、一つのテーマで抜き出し、その一部を収録したものです。句読点や改行、注釈を加えたほか、現代では不適切とされる語句・表現については一部に手を入れました。しかし、当時の時代背景や資料性を考慮して、原文ままを基本とし、掲載しました。

投稿者の方、またはそのご家族の方がいらっしゃいましたら、お話をうかがいたいと思っておりますので、小社出版部までお知らせください。
電話番号：０９２・７１１・５５２３

婦人の新聞投稿欄「紅皿」集　戦争とおはぎとグリンピース

２０１６年5月25日　初版第一刷発行
２０１６年7月25日　第二刷発行

編　者　西日本新聞社
発行人　川崎隆生
発行所　西日本新聞社
〒８１０・８７２１　福岡市中央区天神１・４・１
ＴＥＬ　０９２・７１１・５５２３
ＦＡＸ　０９２・７１１・８１２０
印　刷　シナノパブリッシングプレス

装画撮影　水崎浩志
協　力　西日本新聞社生活特報部・データベース資料部
編　集　鴻池佐和子・末崎光裕

ISBN978-4-8167-0918-0 C0095
西日本新聞オンラインブックストア　www.nnp-books.com